La

BIBLIOTHEQUE

D'IVAN

LE TERRIBLE

LA BIBLIOTHEQUE D'IVAN LE TERRIBLE

© François Garijo 2018

Dépôt Légal Mai 2018

N° ISBN : 979-10-97252-14-4

EAN : 97910972520144

La

BIBLIOTHEQUE
D'IVAN
LE TERRIBLE

François Garijo

INTRODUCTION

On ne peut parler de l'Histoire Russe, sans aborder ses trésors, ils font régulièrement surface au cours des siècles, sont source d'émerveillement, de rêves sans fin. Toutes ces trouvailles, apportent aussi des lots d'or, de monnaie ou de bijouterie ancienne, et de nombreux « chercheurs » de trésors sont à l'affut de ces conquêtes extraordinaires.

Les travaux dans le Centre de Moscou, aboutissent souvent à des découvertes archéologiques. Au mois de mai 2017, des employés de la voirie creusaient près d'un caniveau afin de permettre au service du génie civil de la ville de remplacer les tuyaux de distribution de gaz. Ils trouvèrent un petit objet sans grande valeur semble-t-il. Il fut quand même confié à l'office archéologique, car il s'agissait d'une pièce de jeu d'échecs en os. A l'intérieur, les archéologues de Moscou évaluent un trésor datant de l'époque d'Ivan le Terrible. La pièce en os d'un jeu d'échecs, un fou, est composée de trois parties vissées entre elles, dont l'intérieur est creux. En dévissant l'ensemble, dix petites pièces de monnaie qui avaient été cachées à l'intérieur en furent extraites. Elles dataient du 16e siècle, sous le règne d'Ivan le terrible. À l'époque, l'argent caché à l'intérieur et qui représentait 160 kopecks, suffisait pour acheter, plusieurs moutons, un bœuf, un troupeau d'oies, la somme était conséquente. Moscou regorge de petites découvertes archéologiques, lorsque des travaux en sous-sol sont entrepris. En décembre 2015, une équipe d'archéologues de l'Académie des Sciences de Russie, mit à jour un arsenal militaire datant du 16e siècle, dans les sous-sols d'une soixantaine de bâtiments, dans le village d'Ignatievskoe, près de la ville de Zvenigorod, 20 km environ à l'ouest de Moscou. Asya Engovatova, directeur adjoint de l'Institut d'archéologie, fait part de sa trouvaille : « L'expédition de l'Institut d'archéologie de l'Académie des sciences (Института археологии РАН) à mis à jour au cours des fouilles de sauvetage, sur un site de construction de la rocade centrale (Центральной кольцевой автодороги-ЦКАД), une soixantaine de fondations de bâtiments en bois du 16° et 17° siècles ». Selon les archéologues, des armes étaient probablement stockées dans le sous-sol d'une maison de boyards, qui brûla au 17ème siècle, dans le village d'Ignatyevskoye, et ayant appartenu à la famille Dobryninsky (Добрынски). Suite à ces fouilles, plusieurs grosses caisses en bois y ont été découvertes, en ouvrant la première d'entre elles, on mit la main sur des armes, casques rouillés se terminant par une pointe effilée, pièces métalliques d'armures, de cuirasses, pointes de flèches, épées. Dans les autres, le butin fut identique, pièces métalliques de cotes de mailles, boucles de ceinturons, casques dans des étuis en cuir. Un des illustres membres de la famille Dobryninsky fut un officier de haut rang de l'armée d'Ivan le Terrible. Il faisait partie d'un corps d'Elite nommé « les mille élus » (избранную тысячу) un corps d'officiers des troupes d'Ivan le Terrible, créé en Octobre 1550, et composé de 1078 hommes.

Dans les années 1550 le gouvernement d'Ivan le Terrible, entreprit une tentative de révision de la noblesse en modifiant le système de propriété foncière patrimoniale. En octobre 1550, une ébauche des « mille élus » fut rédigée, plus de 1.000 militaires n'ayant pas de propriétés foncières à proximité de la capitale recevraient des terres à une distance de 60 à 70 milles de Moscou. Ceux vivant dans les villages voisins, soit les nobles les plus dévoués au Tsar, pourraient apparaître de temps en temps dans la capitale, mais ils devaient vivre sur leurs terres et quitter le palais. Au total, il était prévu de distribuer plus de 177 000 déciatines, à plusieurs milliers de foyers paysans, mais il fut distribué 225-250 mille déciatines (десятина). La déciatine est une ancienne unité mesure de surface russe. Une dessiatine correspondait à 1,0925 hectare. Elle se divisait en Sagène (сажень) carrées et équivalait à 2 400 Sagènes carrées, chaque Sagène mesurait 7 pieds anglais (6 pieds français), soit sensiblement 2,1336 mètres. Les casques découverts, sont des casques de bataille typiques de la cavalerie russe, des Shelons (шеломы), parfois ornés de dorures et d'argent. Comme l'a noté le chef de l'expédition Alexeï Alekseïev, de tels casques sont exposés dans les collections de l'Armurerie du Musée de l'Ermitage et du Musée historique d'Etat du Kremlin. Il a ajouté que la découverte est unique, car les casques, étaient encore dans leurs étuis en cuir d'origine, c'est la première fois que l'on en trouve ainsi complets. De telles fouilles sont courantes dans les grandes villes régionales tout autant que dans la capitale Russe, tant l'illustre passé de cette grande nation est omniprésent.

Sur toute l'histoire de Moscou, il a été officiellement enregistré plus de 100 à 200 trésors trouvés dans les limites historiques de la ville. Et 200 autres découvertes faites dans la région proche des trois cercles de ceinture Moscovites. Mais selon les chercheurs, le nombre total d'artefacts dont les découvreurs ne disent mot à personne, trouvés par les particuliers comme vous et moi, desquels l'Etat ne sait rien, est estimé à plusieurs milliers. Les chasseurs de trésors, furent toujours été hypnotisés par la légendaire colline Borovitsky et ses 27.5 hectares, au cours des 200 dernières années, 24 trésors majeurs, sont sortis de dessous le Kremlin lui-même, l'histoire moyenâgeuse de Moscou remonte au milieu du XIIe siècle, lorsqu'Iouri Dolgorouki érigea le premier kremlin au sommet de cette colline Borovitsky, un emplacement stratégique dominant. Le nombre total des trouvailles de valeur connues faites sur le territoire central de Moscou, est d'environ deux cents autres. L'histoire des donjons et caves du Kremlin est l'un des secrets les mieux gardés de la Russie, très peu de chercheurs furent autorisés à y descendre.

J'espère que l'histoire des trésors de l'ancien Kremlin permettra de mieux connaître la capitale de la Russie et saura retracer le destin de ses habitants. Les trouvailles d'antiquités sont une fenêtre sur le monde passé, dont l'intérêt ne se tarira jamais. Entre invasions invasions d'ennemis extérieurs et guerres civiles entre les princes, la fondation de la ville ici, qui deviendra au fil du temps la célèbre capitale du monde renait constamment de ses cendres, d'anciennes chroniques mentionnent son existence dès le 4 Avril 1147. Les premiers trésors médiévaux récences sont trouvés six cents ans plus tard.

François Garijo

PRESENTATION

Les innombrables trésors d'Ivan le Terrible, et peut-être sa célèbre bibliothèque, sont cachés dans les labyrinthes des passages souterrains en la présence de squelettes enchainés aux parois, des corps non enterrés, confirmant la version de l'existence du trésor englouti dans l'oubli. Selon la croyance populaire Russe, les lieux demeurent hantés, personne n'y trouvera le bonheur, gardés par des prisonniers tués, emmurés à l'endroit où les trésors se terrent. Selon les ésotéristes, l'énergie des corps non inhumés, influencerait invisiblement les demeures, comme les geôles des prisons, apportant le malheur à tous leurs occupants. Les âmes de ces personnes ne trouvent pas la paix, liées au trésor, obligées de le garder pour l'éternité. Selon ces superstitions, les âmes sont invisiblement fixées à des sortilèges maléfiques, conservant les secrets d'Ivan le Terrible protégés par ces gardiens d'outre-tombe. Selon les médiums clairvoyants Russes, il faudrait creuser les parois derrière les squelettes, mais pour l'heure cela n'a pas été fait. D'après les archives du Vatican, l'ambassadeur polonais Lev Sapeg fut envoyé en mission spéciale en Russie par le pape Clément VIII, pour trouver la bibliothèque perdue d'Ivan le Terrible en 1601, mais il rentra au Saint Siège bredouille. Malgré sa cruauté abominable, Ivan IV, fut un homme cultivé et sophistiqué, avide de connaissances, polyglotte et érudit, poète, musicien, théologien, philosophe et fondateur de la première imprimerie russe, un homme en avance sur son temps. Plus de 600 ans plus tard, la recherche de sa bibliothèque est toujours en cours. Andréi Kurbski , qui vécut entre 1528 et 1583, premier ami intime d'Ivan IV le Terrible, avant de devenir un peu plus tard son principal rival politique, laissa plusieurs écrits et lettres fondamentaux de l'histoire russe du XVIe siècle. Au centre de ces documents, se trouve Skazanie ou Maxime Philosophe (L'Histoire de Maximus le Philosophe), dans lequel il décrit la vie d'un moine à Moscou. Parmi les choses que raconte Kurbski, il y a une rencontre entre Maximus et Basile III, dans laquelle on aurait montré au moine, un grand nombre de livres grecs. Selon Kurbski, Maximus, fut impressionné au point d'avouer à Basile que même en Grèce il n'avait jamais vu autant de livres grecs. C'est la première mention connue liée à la bibliothèque perdue d'Ivan IV. Le deuxième témoignage, apparaîtra quelques, quatre-vingt ans plus tard, dans un livre rédigé en allemand par Franz Nyenstadt. Dans celui-ci, Nyenstadt relate que Johannes Wetterman, un pasteur protestant, affirme qu'Ivan IV, lui montra les chambres souterraines sous le Kremlin, où il gardait des armes et la célèbre bibliothèque. Ivan demanda à Wetterman, de faire un inventaire des livres, qui fut réalisé avec l'aide de trois autres Allemands et trois officiers russes. Ivan offre à Wetterman de demeurer à Moscou et travailler sur quelques traductions de ces livres uniques car il n'en existe aucune copie au monde, mais Wetterman terrorisé par la personnalité obscure du Tzar, craignant, comme beaucoup d'être mis à mort un jour sans aucune forme d'explication, quitte précipitamment la Russie. La troisième mention de bonne foi relative à la bibliothèque, date de 1724, lorsqu'un officier russe nommé Conan Ossipov, cite la découverte faite en 1682, par un certain Makariev. Dans les couloirs souterrains du Kremlin, avec persévérance, il aboutit à une chambre pleine de livres, mais après avoir signalé la découverte à la princesse Sophia Alekseyevna Romanova, elle lui aurait interdit de divulguer l'existence de cette dernière, et l'accès aux voies de passage lui fut interdit. En 1890 le professeur Thraemer, un enseignant de l'Université de Strasbourg met la main sur le manuscrit : « Hymnes Homériques » qu'il croit provenir de la bibliothèque de Constantinople. Thraemer passe plusieurs mois à Moscou, fouillant bibliothèques et archives, tentant de trouver une piste. N'ayant rien obtenu, il formule l'hypothèse que les livres étaient encore sous le Kremlin. A titre d'exemple, la Bibliothèque Moscovite Lénine, dans l'ancienne maison Pachkov, compte 40 millions de livres. Le comte Nikolai Roumiantsev, a été le premier propriétaire d'une collection de livres, manuscrits, pièces de monnaie, objets ethnographiques et d'autres artéfacts uniques. Après sa mort en 1826, tous les ouvrages furent rassemblés dans un palais du 18° siècle, érigé par un officier impérial, Semionov Piotr Pashkov. Si je cite cette bibliothèque Pashkov, c'est que selon une histoire connue, Ivan le Terrible avait utilisé un tunnel souterrain pour aller du Kremlin à la maison de sa mère, qui vivait sur la colline Staro-Vagankovski. Aujourd'hui, un puits dans les caves de la maison qui mène à ce tunnel. Il est curieux que le Kremlin et la maison Pashkov soient reliés, d'autant plus que de nos jours, cette dernière à vocation de bibliothèque publique. Cette piste n'est pas écartée par les chasseurs de trésors. L'hypothèse dominante aujourd'hui, est que, si jamais il y avait des livres précieux sous le Kremlin, ils furent brûlés, détruits par des inondations, peut-être pour certains, distribués à d'autres bibliothèques et institutions du pays. Certains sont toujours à la recherche de ces ouvrages mythiques, même si les plus pessimistes commencent à remettre en question l'authenticité de L'Histoire de Maxime le Philosophe, qui avec le reste de la légende totalement faux la bibliothèque n'aurait jamais existé. Une affirmation est pourtant incontestable, Ivan le terrible avait d'innombrables couloirs souterrains complexes, avec des pièces de vie sous tout le Kremlin, ils lui permettaient aussi de sortir dehors. Il disposait de chambres, salles de jeux, pièces de torture, prisons, caches d'armes, trésors, salles pour sa bibliothèque, car il ne disposait volontairement d'aucun rayonnage à cette fin en son palais. C'est donc dans ce Kremlin enterré que la chasse au trésor se dérouler avec une intense activité au cours des siècles, faite de rebondissements et d'abandons, les autorités rebouchant au fur les accès aux couloirs de façon délibérée. La dernière quête d'ampleur, périclita dans l'inondation accidentelle des principales galeries en pierre blanche de l'époque d'Ivan le Terrible, et l'explorateur sombra dans l'obsession, décédant dans une totale démence. Il existe réellement sous Moscou, douze niveaux de tunnels souterrains, les uns sous les autres, certains sont modernes d'autres vieux de près de 600 ans. Lors de la construction du sénat, de 1776 à 1788, deux niveaux de souterrains furent déjà trouvés. Ils sont même encore utilisés de nos jours pour l'évacuation du chef de l'Etat. Un passage assez large pour laisser circuler des voitures électriques court entre la façade nord-ouest et la Senatskaya Plochad, la Place du Sénat, continuant vers le sud, passant sous la butte servant de promenade aux touristes, puis bifurquant en direction de la tour Petrovskaya, en contrebas, à l'angle sud-est du Kremlin, devant laquelle, se niche une aire pour l'atterrissage simultané de deux hélicoptères d'évacuation. Au total, ce tunnel fait environ 480 mètres de long, ce n'est qu'un seul et unique tronçon du gigantesque labyrinthe.

Москва. Общій видъ Кремля.
MOSCOU. Vue totale du Kremlin.

Devant le Kremlin les bateaux de pêche accostent

La

BIBLIOTHEQUE
D'IVAN
LE TERRIBLE

Illustré

François Garijo

LA BIBLIOTHEQUE D'IVAN LE TERRIBLE

Au XXe siècle, la question de l'existence de la bibliothèque d'Ivan le Terrible refait surface, il est question de Tunnels secrets au cœur de la capitale. Les passages secrets connus remontent aux XIII°, XIV°, XV° siècles, l'espace souterrain de la ville était déjà utilisé depuis les temps anciens pour toutes sortes de choses. Dans certaines pièces, on installait des cachettes pour stocker objets de valeur, reliques d'église, armes, nourriture, d'autres sont devenues des nécropoles, prisons, habitations. Moscou brûla souvent, et de telles cachettes permirent de sauver des choses précieuses. A demi-mot, on évoque le passé trouble d'Ivan le terrible, c'était aussi les lieux des alchimistes et contrefacteurs de la ville, qui y organisèrent des laboratoires ésotériques et des ateliers de fabrication de faux, déjà à l'époque, au quartier chinois Kitanskiï Gorod à l'Ouest de la Place Rouge.

N. 54. Москва-рѣка. Видъ на Кремль.
Mosoou. La rivière Moskva. Vue de Kremlin.

Les Berges de Moskvoretskaya Embarcadaire à l'Est du Kremlin

Les Berges de la Moskova à l'Est du Kremlin

LA COLLINE ENTOUREE D'EAU

1359

Beaucoup de tunnels furent percés à l'époque du prince Dmitri Donskoï. Il gouverne Moscou pendant 30 ans à partir de 1359, lors des guerres contre les Tatars. Donskoy perce des voies souterraines sous la forteresse du Kremlin, comme aménagements d'évacuation en cas de siège, ou source de ravitaillement, les tunnels allaient alors se perdre d'un côté vers une forêt et de l'autre par dessous la Moskova sur sa rive Sud. Les patriarches orthodoxes russes profitèrent également de ces tunnels sous les églises, et les relièrent aux tunnels de Donskoï. En cas d'invasion, les résidents du Kremlin pourraient s'enfuir, mais pas seulement, on y consacra aussi des nécropoles pour les serviteurs du culte, moines ou prêtres. Le Kremlin du XII° au XVI° siècle est une forteresse presque triangulaire entourée de rivières dans ses trois flancs. La Neglinnaïa (Неглинная река) vient du Nord-Est arrive devant la Tour de L'arsenal pour se diviser en deux, un gros bras se prolonge sur la gauche, aujourd'hui, sous les Jardins d'Aleksandre, et un bras moindre, part sur la droite, aujourd'hui sous la Place Rouge. Les deux bras descendent rejoindre la Moskova, qui donne son nom à la ville. La forteresse possédait deux portes à l'Ouest qui donnent sur deux ponts et trois portes à l'Est, vers la Place Rouge débouchant sur trois autres ponts. Au total, cinq ponts enjambaient la rivière Neglinnaïa. Les bâtiments sont concentrés au Sud-Ouest, l'entrée principale se fait entre la tour de l'Eau et la tour du Secret au Sud, aujourd'hui, l'entrée principale est au Nord, à l'opposé. La rivière Neglinnaïa, (Неглинная), s'écoule des parties nord de Moscou vers le sud, au cœur même de la ville. En se divisant, elle constitue un delta, au centre duquel une colline s'est imposée d'elle-même comme l'emplacement idéal du futur Kremlin, fièrement protégé par cette barrière aquatique de douves naturelles.

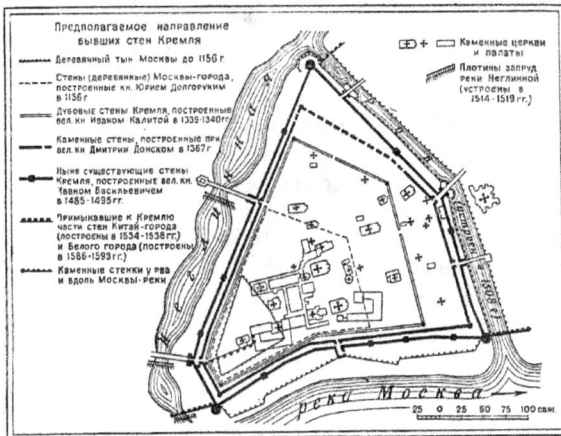

Московский Кремль с XII по XVI век.

Le Kremlin fut construit sur une colline à l'est de la Neglinnaïa, utilisant la rivière comme un fossé, car elle était ouverte, s'écoulant en plein air avec un débit se réduisant avec les siècles. Elle coule par la suite au travers de tunnels en brique. La température dans ces tunnels varie de 7 à 10 degrés, ils se trouvent à 30 mètres sous terre, c'est-à-dire bien en dessous des tunnels des deux premiers niveaux de la période d'Ivan le Terrible visités dans les années 30. Longue dans sa partie souterraine de 7,5 km, la rivière Neglinnaïa, serpente dans la partie centrale de Moscou. C'est un affluent de la Moskova, coulant dans les tunnels sous la rue Samotechnaya, le boulevard Tsvetnoy, la rue Neglinnaïa, le jardin Alexandre et Zaryadye. La Neglinnaya se déverse désormais dans la Moskova à travers deux tunnels séparés près du pont Bolshoy Kamenny et du pont Bolshoy Moskvoretsky, elle passe bien sur sous le Kremlin. On peut encore observer des ouvertures voutées à partir du fleuve sous la route qui longe le Nord du Kremlin. Il n'y a pas si longtemps, l'espace des jardins devant la forteresse du Kremlin, était rempli par la rivière Neglinnaya, également connue sous le nom de Neglinka. Au XVIe siècle, ses eaux formaient les douves du Kremlin, emplies de boues et de végétation. Peu à peu, le flot de la rivière s'affaiblit, elle se rétrécit durant des centaines d'années, laissant des berges nues, où jaillissent des moulins, bains publics et des forges. Un barrage à roue d'eau, a été installé, il ralentit la rivière avec une série de bassins, utilisés pour la pisciculture.

Des rétentions d'eau en cas d'incendies, finirent également par réduire considérablement le courant, au point où il se décide canaliser des portions entières au travers des tunnels enterrés constitués de murs en briques. Cinq ponts ont enjambé la Neglinka. L'un d'eux est toujours présent, devant la tour Troitsky, le pont de la Sainte-Trinité, par lequel les touristes entrent dans le Kremlin. Au milieu du XVIIIe siècle, la rivière Neglinnaïa devient très polluée dit-on, en raison de l'augmentation de la population qui l'utilisait comme égout, et de l'expansion de l'industrie le long des berges. L'eau était sale et puait jusqu'au ciel. Au début du 19ème siècle, elle fut totalement canalisée sous terre, et ce n'est que récemment qu'une courte extension en plein air ressortit, sur partie située à l'extrémité des jardins d'Alexandre, visible par les touristes. En fait, c'est une fausse branche de la rivière, fort peu de gens savent que c'est une canalisation détournée, du système d'eau potable de la ville. Encore une fausse légende, car la véritable Neglinnaïa, de couleur brun foncé, circule à travers d'un conduit vouté en briques, certaines grilles d'aération au sol permettent de l'entendre passer, de nombreux touristes pensent à tort, que ce sont les égouts. Dessinés en 1821 par l'architecte Ossip Bove, les jardins Nord du Kremlin, portent le nom du tsar Alexandre I°, qui présida à la restauration de la ville, notamment du Kremlin, après les guerres napoléoniennes. Avant la construction des jardins, la rivière Néglinnaïa qui occupait une partie des fossés du Kremlin, fut recouverte. Le seul rappel de sa présence, est le pont en pierre reliant la tour Koutafia à la tour de la trinité.

Embarcations de pêche devant le Kremlin, début du siècle

Calèches devant le GOUM sur la place rouge au début du siècle.

LA CONSTRUCTION DU KREMLIN

1472

Le 12 novembre 1472, l'année ou C. Collomb amarre ses navires aux Amériques, Ivan le Grand, épouse la princesse Zoé Paléologue. Zoé se convertit, dit-on, à l'orthodoxie, puis se fait baptiser du prénom Sophie. Nièce du dernier empereur byzantin Constantin XI, tué lors de la prise de Constantinople par les Turcs en 1453. Sophie Fominitsa Paléologue (София Фоминична Палеолог) apporte aussi en guise de dot à Ivan III, des joyaux, des livres précieux et le blason de l'Empire byzantin, l'Aigle à deux têtes, qui demeurera le symbole de la Russie pour toujours. Lorsqu'Ivan le Grand décède en 1505, il est inhumé dans la cathédrale de l'Archange-Saint-Michel à Moscou, avec les armoiries d'un aigle bicéphale doré, ailes déployées de la famille paléologue, aux deux têtes couronnées avec griffes vides. Ce n'est que sous le règne de Boris Goudounov (1598-1605) que l'aigle russe serrera dans ses griffes l'orbe et l'épée.

On sait que lors de son mariage avec le grand-duc de Moscou, Ivan III, Sofia Paléologue, introduit dans la capitale de la Russie 30, ou selon d'autres sources 70 charriots, avec entre autres richesses, des livres anciens et uniques. Sophia sauva des Turcs, qui saisirent et pillèrent la capitale de Constantinople (Byzance), en 1453, environ 800 volumes, rédigés dans les langues grecques anciennes, latines et hébraïques, dont certains provenaient de la collection de l'ancienne bibliothèque d'Alexandrie en Egypte. Après avoir observé les ravages d'un grand incendie à Moscou, Sophie persuade son mari de reconstruire radicalement le Kremlin, remplaçant les structures traditionnellement en bois, par des briques et des pierres calcaires blanches, c'est à partir de cette époque, que Moscou s'appela « Pierre Blanche », pendant quelques années. Dès son arrivée à Moscou en 1472, Sophia Paléologue comprend les conséquences de l'incendie de Moscou de 1470. Réalisant que les livres peuvent devenir une proie facile pour le feu, car de grands incendies sont fréquents dans la capitale, Sophie ordonne de les garder dans la cave, sous l'église de la Nativité de la Vierge au Kremlin. Un an plus tard, en avril 1473 un nouvel incendie dévastateur se produit, le Kremlin entier est en cendres, toutefois, grâce à la Tsarine Sophie, les livres ont survécu. Ce signe du destin incitera les régnants à percevoir dans les caves et tunnels, de précieux lieux de sauvegarde évidents pour leurs biens en cas de sinistres.

1474

En 1474, Aristote Fioravanti est invité à se rendre en Russie par Siméon Ivanovitch Tolbouzine (Семен Иванович Толбузин), ambassadeur du Grand Prince de Moscou, Ivan III, comme premier ambassadeur de Russie à être envoyé en Europe occidentale) Sofia Paléologue épouse du tsar intervient personnellement auprès du duc de Milan Galeazzo Maria Sforza, pour qui Aristote travaillait, Sofia insiste également très fortement, auprès de la femme d'Aristote, Lucrezia de Poeti, à Bologne, pour convaincre l'architecte d'accepter la mission et se rendre à Moscou. A l'initiative de Sofia, le célèbre architecte de Bologne et ingénieur Aristote Fioravanti, arrive donc dans la capitale Russe en janvier 1475 accompagné de Siméon Ivanovitch Tolbouzine, il prépare la conservation et la prolongation du labyrinthe de structures et caves souterraines, pour y ériger durablement, le nouveau Kremlin en pierre par-dessus. Avec lui trois autres architectes seront embauchés, Aleviso, Giuliani et Masconi.

1475 - 1479

Aristote Fioravanti entreprend de 1475 à 1479 la reconstruction de la cathédrale de l'Assomption, Uspensky Sobor (Успенский Собор), également connue sous le nom de Cathédrale de la Dormition, octroyant un ton sacré solennel à ses futurs chantiers.

Le Tsar Ivan III, se débarrasse d'Aristote Fioravanti, une fois la tâche de la construction du Kremlin achevée, afin qu'il ne dévoile pas ses secrets, l'architecte paye son travail de sa vie. Les fouilles archéologiques de 1968, permirent d'affirmer que le site de la cathédrale Dormition, fut un lieu de sépulture médiéval, une petite église en bois existait déjà sur son emplacement au 12ème siècle. Le prince Sviatoslav Vsevolodovich Vladimirski, dit Sviatoslav IV ou Gabriel. Grand-duc de Vladimir, sur la base d'une église de bois qui comportait déjà quelques pierres blanches érigée en 1152, construisit une église entre 1246 à 1248. Apparemment le lieu saint avait reçu une attention particulière, mais l'église fut détruite pour une seconde fois, et remplacée par une structure de pierres calcaires entre le 4 août 1326 et le 4 août 1327, ce qui est mentionné dans les documents historiques de l'époque. Sur initiative, le premier métropolite, Pierre, persuade le grand-prince Ivan I° Kalita, d'un nouveau projet de réalisation de cathédrale dévouée à la Vierge Marie, au centre de Moscou, à l'identique de la cathédrale de la Dormition qui se trouvait à Vladimir. À la fin du 15ème siècle, sous Ivan III, l'ancienne cathédrale devenant vétuste, il charge les architectes Kryvtsov et Myshkin, d'en bâtir une nouvelle en 1472. Deux ans plus tard, le 20 mai 1474, le bâtiment était presque terminé, mais pendant que le tambour de la coupole principale est fixé, un tremblement de terre se produit à Moscou, la structure cède, se lézarde, la Cathédrale inachevée subit d'irrémédiables dommages, puis soudainement elle s'effondre.

Aussitôt après, Ivan III, décide de démanteler les gravats de cette troisième cathédrale et d'envisager une nouvelle, il tente d'embaucher des architectes de Pskov, mais, ceux-ci, pour des raisons mystérieuses, sans doute superstitieuses, refusent catégoriquement l'invitation, les architectes moscovites aussi. En raison de cela, il est décidé de recruter un autre architecte étranger et de repartir à zéro depuis les fondations, ce sera Fioravanti. Cela peut paraitre très étrange, mais Ivan III s'est probablement marié avec une catholique, car personne n'apporte la preuve historique de la conversion à l'Orthodoxie de sa future épouse Sophia. Le mariage eut lieu en novembre 1472. En théorie il devait se dérouler à l'intérieur de la Cathédrale de l'Assomption, cependant peu de temps avant, elle fut détruite, il fit donc ériger à la hâte une modeste église éphémère en bois, tout spécialement érigée pour l'évènement de consécration nuptiale, près des gravats de la Cathédrale de l'Assomption, puis Ivan III fit démolir l'église de bois immédiatement après la cérémonie, ce sera la quatrième destruction d'un lieu saint en ces lieux. L'architecte et ingénieur italien, Aristote Fioravanti, s'étant vu confier ce futur projet du kremlin, de ses églises et cathédrales, appartient à une famille d'architectes et d'ingénieurs hydrauliques, entre 1458 et 1467, il travaillé à Florence ainsi qu'à Milan, au service du Cosme de Médicis. Durant cette grande période de construction des bâtiments et murailles du Kremlin par Aristote Fioravanti de 1480 à 1490, il a été fait le maximum, pour garder des informations secrètes sur la forteresse, après 1490, il ne subsiste plus aucun document de cette époque, sur la construction du Kremlin, et ses fondations, c'était le secret le plus élevé de l'État. La cathédrale de l'Assomption sera durant les XIVème et XVIIème siècles, le sépulcre des métropolites et des patriarches de l'église russe. Elle est transformée en musée après la Révolution de 1917. En aménageant les expositions, les bolchéviques conservent l'état intérieur d'origine, mais transfèrent la plupart de ses trésors au manège militaire du Kremlin, puis vendent une très grande partie des objets historiques de la Nation à l'étranger.

La cathédrale est complètement restaurée en 1894-1895, 1910-1918, 1949-1950, 1960, 1978, et 1990, date à laquelle elle est restituée à l'Eglise Orthodoxe Les offices liturgiques interrompus en 1918, ont repris à la cathédrale depuis 1990, après plus de soixante ans. En plus de sa fonction religieuse retrouvée, l'iconostase de la Cathédrale de la Dormition, conserve aussi sa fonction de contemplation adorative. Les tsars russes ajoutaient les icônes les plus importantes des villes qu'ils avaient conquises sur le mur de trophées de l'iconostase. Ses deux plus anciennes et célèbres icônes, datées du début du XIIe siècle, sont celles de la Vierge de Vladimir, l'Icône Byzantine dite Vladimirskaya, et celle de Saint Georges, prise par le tsar Ivan IV, après la conquête de la ville de Veliky Novgorod en 1561. La Cathédrale de la Dormition se situe à l'est de la place des cathédrales (Соборная площадь) face au palais des patriarches. Ce Palais du Patriarche est construit par les architectes russes, entre 1653-1655, pour le patriarche Nikon.

Les services d'entretien, se trouvent au rez-de-chaussée, les chambres du Patriarche au second étage, le premier étage est réservé aux salles d'apparat abritant les séances de la Sainte Assemblée, ou aussi, les festins en l'honneur du Tsar et des invités étrangers. Le Saint Synode siège aux Palais du Patriarche durant les XVIIIème et XIXème siècles. Son portail est surmonté de l'église des Douze Apôtres, avec une salle cruciforme de près de 300 mètres carrés sans aucun pilier, couverte de voûtes closes, est tapissée de magnifiques carreaux de faïence.

L'EXISTENCE DES TUNNELS

Nous apprenons que, comme le voulut l'architecte italien, toutes les tours communiquent entre elles sous terre, et disposent de plusieurs sorties à la surface, l'intérieur ou l'extérieur du kremlin. Un tunnel et de larges pièces, se trouvaient dans le sous-sol de la cathédrale de l'Archange-Saint-Michel, édifiée entre 1505 et 1508. Le Sénat actuel, situé Nord-Ouest, communique aussi par des passages qui ont été modernisés, et encore en service, un ascenseur reliait le bureau et l'appartement de Staline, puis plus tard le bureau de Gorbatchev, à un passage secret, l'ascenseur relie les anciens appartements de Brejnev à un tunnel secret, où le président se déplaçait à bord d'une voiture électrique, cet Ascenseur « Brejnev », et son passage secret sont aujourd'hui sous le bureau de Vladimir Poutine. Les deux tunnels sont parallèles à la façade Nord-Ouest du Sénat et vont vers le Sud et la Place des cathédrales.

En trente ans quatre églises majeures furent érigées :

La Cathédrale de la Dormition, première église en pierre de Moscou, deviendra la nécropole des métropolites Russes et depuis 1589, des patriarches (1475-1479), on peut y contempler l'icône de Saint Georges, datant du XI° siècle, découverte en 1935 par les soviétiques durant des travaux de restauration, elle était cachée accolée au revers d'une icône plus récente.

Suivirent, la Cathédrale de l'Annonciation (1484 - 1489), puis la cathédrale de l'Archange-Saint-Michel, édifiée entre 1505 et 1508, sous la direction de l'architecte Alosius le Jeune, devenant ensuite la nécropole des Tzars et des princes Russes, ensuite l'église de la Déposition-de-la-robe-de-la-Vierge, entre 1484 et 1485, située sur la place des cathédrales, entre le palais à Facettes, le palais des Terems et la cathédrale de la Dormition, parachevant ce chapelet de lieux saints. La célébrissime cathédrale de l'Archange-Saint-Michel (Архангельский собор), renfermant l'Icône magnifique de Saint Michel, fut bâtie entre 1505 et 1508, mais sas structure de base, était antérieure à ces quatre cathédrales, elle fut l'œuvre de l'architecte Alosius le Jeune et se situé également sur la place des cathédrales. Dans cette même période, l'Eglise de la Déposition de la robe de la Vierge, la chapelle de la maison des métropolites et des patriarches russes, sont érigées par les architectes de Pskov entre 1484-1485. Le nom de l'église provient d'une fête byzantine célébrée en souvenir du déplacement de la robe miraculeuse de la Vierge de Palestine à Constantinople. Dans l'iconostase datant de 1627, est conservée la robe de la Vierge. Le peintre Nazaire Istomine Savine, est l'auteur de la plupart des icônes. L'iconostase et la peinture murale forment un ensemble des épisodes de la vie de la Vierge. Les Saints métropolites et les princes russes sont également reproduits sur les piliers de l'église. Une exposition permanente de sculptures russes en bois des XVème et XIXème siècles est présentée dans la galerie principale. Ce contexte architectural passé, la légende va débuter.

Intérieur du Kremlin Place des Cathédrales

Vue du Palais Nicolas dans l'enceinte du Kremlin

LA LEGENDE DU LIBERIA

1584

A sa mort soudaine, le 18 mars 1584, Ivan le Terrible, emporte avec lui le secret sur l'existence de sa bibliothèque, la Libéria et de ses allées et venues, dans les entrailles mystérieuses du palais. Le règne d'Ivan s'achèvera sur 37 années de pouvoir, dont les décisions furent inspirées par les prophéties de moines, astrologues et médiums. Ainsi il manda son ambassadeur à Londres, pour faire libérer et lui amener l'astrologue hollandais Elysius Bomel, emprisonné par ordre de la reine Elisabeth I° d'Angleterre, pour avoir pratiqué la magie nécromancienne. Le moine Basile le bienheureux lui-convive permanent à la table du tzar était, dit-on investit de pouvoirs divinatoires confirmés. Le 15 mars, sentant sa fin arriver, Ivan le Terrible fait convoquer une pléiade de voyants à son chevet, ils prédisent au pied de son lit que sa mort surviendra sous trois jours. La divination s'avéra. On croit qu'Ivan le Terrible, offre personnellement une Bible, issue de sa bibliothèque au voyageur anglais nommé, Jerome Gorsay, cette Bible est actuellement conservée au British Museum de Londres. On prétend que le fils d'Ivan III, Vasily III, a continué la traduction des livres du Libéria, confiée au célèbre Maxime le Grec. Mention de ceci, figure dans l'inventaire de la bibliothèque, relaté dans les « Contes de Maxime le Grec ». Maxime le Grec est arrivé à Moscou en 1518, peu de temps après son arrivée, il commence à traduire deux ouvrages durant un an et cinq mois, de Mars 1518 à Août 1519. Un délai aussi long, laissa supposer ultérieurement, qu'il l'aurait mis à profit pour traduire d'autres ouvrages. Simultanément, ou un peu plus tard, Maxime le Grec parachève un inventaire complet de la bibliothèque d'Ivan le Terrible, voir I.M. Snegirev « Monuments de l'Antiquité de Moscou » 1842-1845, page 178. Autre référence, V.S. Ikonnikov, « Maxime le Grec » Kiev, 1865, numéro 1, page 107. Les traductions des ouvrages liturgiques, par Maxime furent approuvées par Basile III, et par le métropolite de Moscou Varlaam : « Maxime le grec fut traité avec bonté et récompensé pour son travail ». Voir V.S. Ikonnikov « Maxime le Grec », Kiev, numéro 1 page 109. Malheureusement pour Maxime le Grec, le métropolite Daniel, higoumène du monastère de Volokolamsk, lance de lourdes charges contre lui, portant sur le fond des traductions de livres grecs, comportant l'affirmation qu'il aurait faussé où mal interprété, les informations contenues dans les textes, en second sans doute, le refus de le laisser repartir au risque qu'il ne puisse parler de choses qu'il avait apprises.

Avec le consentement tacite de Basile III, en 1525, Maxime est emprisonné monastère Volokolamsk, pour une durée de six ans. Il lui est interdit d'écrire quoi que ce soit, d'envoyer ou recevoir des messages. Il est soumis à la surveillance permanente de gardiens : Voir I.Ya. Stelletskii, « Livres morts dans la cache de Moscou », Moscou, 1993, page 93. En raison de nouvelles circonstances à charge contre lui, dès 1531 Maxime est de nouveau inculpé, accusé d'avoir des relations avec l'ambassadeur turc Skinner, déclaré agent infiltré du sultan turc, son procès prolonge son incarcération initiale, d'annuités supplémentaires.

DISPARITION
DE
LA BIBLIOTHEQUE DU LIBERIA

1547

A partir du 20 avril 1547, date à laquelle une cloche tomba d'une église et se brise, signe prémonitoire de grand malheur attendu, et où Basile le Bienheureux touche de sa main les murs du Kremlin en pleurant suite à l'incident, Ivan le Terrible change, s'entoure de conseillers brillants, entreprend des conquêtes, Kazan, Astrakhan, réorganise les structures centralisées dirigeant la nation à son avantage. Il est plus que probable qu'il offrit certains ouvrages religieux rares, issus de sa bibliothèque, à l'Eglise orthodoxe, pour gagner ses faveurs, à ce moment-là. En 1547, l'explosion d'un stock de poudre à canon sous une tour, détruit une partie du mur du Kremlin., l'histoire ne dit pas de façon formelle s'il y eut réellement un tremblement de terre ou bien si cette explosion est à l'origine de l'incident du 20 Avril.

1553

Une prospérité relative, perdure durant huit années, jusqu'à l'hiver 1553 où il tombe malade et failli mourir, aggravant ses tendances paranoïaques, qui culminèrent à partir de 1560 après la mort de son épouse. En proie à la peur et à la suspicion, il s'isole au monastère Aleksandrov après avoir fui une fois de plus le Kremlin. Extrêmement superstitieux, il fait graver une croix sur chaque brique de l'Eglise, puis orne son autel d'Or avec de riches pierres précieuses. Ivan, mande l'excavation d'un fossé pour rendre moins accessible le lieu où il vit, et limite les sorties de son entourage au plus strict minimum, plus personne n'entrait et sortait de son palais sans son autorisation. Il fait aménager de nombreux cachots où, il assiste en personne, à des séances de torture et d'horreur innommables, cette terreur perdure pleinement jusqu'en 1566.

1564

Le 3 décembre 1564, après dix-huit ans de règne, Ivan IV ordonne à sa cour de quitter Moscou, le grand cortège royal s'arrête jusqu'au 17 décembre à Kolomenskoïe, à 10 km au sud du centre de Moscou, une forteresse en rondins de bois extraordinaire, qui est devenue un musée très fréquenté, le cortège royal passe par la Trinité-Saint-Serge, à 75 km au nord-est de Moscou, puis s'installant finalement à Alexandrova Sloboda. Ivan IV, où il se pose longuement, avec la tsarine Maria Temrioukovna, sa seconde épouse âgée de 17 ans, et toute sa cour, de 1564 à 1581. Durant cette période, au printemps 1571, les Tatars de Crimée, envahissent la Russie, parviennent jusqu'à Moscou, qu'ils terrorisent, pillent et incendient en partie.

La disparition du Libéria est généralement attribuée par les historiens, à cette période, après 1571, Ivan le Terrible, se retire au kremlin d'Aleksandrovskaya Sloboda. La fortification de Sloboda d'Alexandrov ou l'Alexandrovskaïa Sloboda ou encore, le Kremlin d'Alexandrov, est une ancienne citadelle russe, actuellement partie de la ville d'Alexandrov dans l'Oblast de Vladimir, à 80 km au Nord-Ouest de Moscou. On ne sait pas si Ivan IV emporte réellement là-bas tout ou partie des 800 livres. Le Kremlin d'Aleksandrovskaya Sloboda, est une fortification carrée, d'environ 300m de côté, avec un mur d'enceinte blanc, muni de meurtrières ovales dont les dômes de bâtiments vert bronze dominent. Des petites tours d'angle chapeautées d'une assiette demi ronde, avec un cône, culminent par une girouette métallique. De nos jours, au sud de l'ancienne capitale royale, les passants s'arrêtent dans un modeste magasin Natur product, sur Sovetskaya Ullytsa. Un abribus en métal, sans banc, avec ses affiches publicitaires collées, fait face au magasin de souvenirs Lioubava, un simple préfabriqué, sur un poteau face à lui, un panneau indique : « à 350 m supermarché Fazton », sur la route 75, c'est un petit village avec beaucoup d'arbres. Le chemin au pied des murailles n'est fait que de terre, cette forteresse se singularise par sa sobriété extérieure.

Les chercheurs modernes, spéculent sur divers lieux pour loger la présence possible de la bibliothèque Liberia, Kolomenskoïe, Kremlin de Moscou, Trinité-Saint-Serge, Kremlin d'Aleksandrovskaya Sloboda, au total soixante lieux probables furent fouillés durant ces derniers siècles. Lorsqu'Ivan quitte le Kremlin le 3 Décembre 1564, il emporte avec lui l'intégralité de ses biens les plus précieux, ils l'accompagnent jusqu'à son retour à Moscou le 2 février 1565. Il découpe ensuite le pays en deux moitiés, l'Opritchnina, sa réserve personnelle, qu'il dirige à sa guise et la Zemchtchina, un territoire commun soumis à l'ancienne administration traditionnelle. Les biens des boyards déplacés de force de l'Opritchnina sont saisis, et viennent gonfler les trésors du despote. Il y a par la suite, plusieurs grands incendies qui ravagent la ville, elle se divise alors, reconstruite en quatre secteurs différents ; Tzar Gorod, la Ville du Tsar, Kitaï Gorod la fameuse ville chinoise, Bieli Gorod, ceinturée de remparts blanc et Zemlianoï Gorod, la ville cerclée de remparts de terre. La période est sombre, fort peu glorieuse. De 1565 à 1572, en Russie, le commerce est entièrement anéanti, le pays ruiné, l'économie russe réduite à néant pour des décennies. Ivan IV, connu sous le nom d'Ivan le Terrible, seigneur de guerre ignoble, abominable, qui régné de 1533 à 1584, complètement paranoïaque et insensible au mal qu'il inflige, entrepose un arsenal d'armes conséquent, dans des tunnels. Certaines de ces constructions cachées ont été découvertes récemment, en 1978, lorsque des travailleurs agrandissaient une station de métro. Ainsi ressurgissent de l'oubli dans les sordides cachots, plusieurs squelettes demeurés intacts, jusqu'à leur découverte cinq siècles plus tard. Connaissant son goût pour la torture, on peut supposer que la cache de ses biens le plus précieux, où même sa bibliothèque se trouvait à proximité de ses appartements. On toucherait sans doute au but au Palais des Facettes, ici Ivan le Terrible siégeait sur son trône, donnait des soupers fastueux dans la grande salle à manger. Ce ne peut être au palais des Térems (Теремной дворец), servant naguère de lieu de résidence aux tsars, construit postérieurement à la mort d'Ivan, entre 1635 et 1637.

Aujourd'hui, le bâtiment n'est pas accessible au public, il est la résidence officielle au président de la Fédération de Russie.

De ses exils au monastère de la Dormition, (monastère de femmes moniales d'Alexandrov (Свято-Успенский Александровский женский монастырь ou Александровский женский монастырь), situé dans la Sloboda d'Alexandrov, sur le territoire de la ville d'Alexandrov, l'Oblast de Vladimir, en passant par le Kremlin d'Aleksandrovskaya Sloboda, Ivan à jonché les souterrains de cadavres d'ennemis et caches pour la montagne de pillages amassés sur son parcours de monarque maudit. Il est fréquent de découvrir des soldats en armure à l'état de squelette dans certaines coursives obscures, des caves du kremlin, placés là, comme une dernière menace : « attention ne vous aventurez pas au-delà », preuve qu'ils y ont été laissés volontairement, pour effrayer les curieux, les pousser à régresser chemin sans aller plus avant dans la poursuite des corridors secrets mystérieux. Curieusement, les archéologues modernes délaissent les abords du Grand Palais, qui historiquement serait un emplacement plus que probable, et se concentrent sur l'arsenal du Kremlin (Арсенал Московского Кремля), une ancienne armurerie abritant aujourd'hui, le régiment du Kremlin, chargé de la sécurité du président russe. Mais, sa construction initiale date de 1736 soit 152 ans après le décès d'Ivan IV. Une seconde cache serait un emplacement des plus probables, sous la Cathédrale où reposent les Tzars, La Cathédrale de l'Archange-Saint-Michel (Архангельский собор) construite entre 1505 et 1508, et qui communiquera plus tard elle aussi, avec la tour de l'Arsenal après 1736.

Fédor Ivanovitch (1557-1598) accéda à la succession du trône d'Ivan IV, c'était un homme doux et humble, bavardant avec les oiseaux dans les clochers, poète rêveur, il lui fut adjoint un premier ministre régent pour commander la nation à sa place en 1594, Boris Fedorovich Goudounov (beau-frère d'Ivan IV), à qui on construisit pour lui et sa famille, une demeure dans l'enceinte du Kremlin. Bien que doué d'une grande intelligence, Goudounov ne savait ni lire ni écrire, il finit par épouser Maria Malyouta-Skouratov, la fille du chef de la police secrète d'Ivan IV Grigory Lukyanovitch Skouratov-Belskiy, surnommé l'Odieux Assassin Maliouta Skouratov. La très belle épouse de Fedor, Irina Fedorovna Godunova, sœur de Boris Goudounov (Ирина Фёдоровна Годунова), est désigné de plein droit, reine régente après la mort de son époux Fédor Ivanovitch, puis au neuvième jour suivant le décès de son mari, se retire au couvent de Novodievitchi avec le nom « d'Alexandra ». La Douma, le parlement russe, continue à édicter des décrets en au nom de la reine Alexandra, jusqu'à l'élection définitive de Boris Godounov en 1598. Elle meurt cinq ans plus tard en 1603. En 1604 les polonais et les Ukrainiens entrèrent en guerre contre la Russie. Les chercheurs de trésor supposent que Boris Goudounov, ne se soucia jamais d'une bibliothèque qui ne lui aurait servi à rien, tant il était illettré, et affairé dans de nouvelles guerres avec des envahisseurs étrangers. Boris meurt subitement en 1605, il a remplacé le fils d'Ivan le terrible de 1594 à 1598 comme régent, ainsi que de 1598 à 1605 comme tsar.

1606

Après le renversement du Faux Tsarévitch Dimitri, tsar de Russie de 1605 à 1606, il s'est avéré que 300 000 roubles en or avaient été perdus. Il monta sur le trône en usurpant l'identité du dernier fils et héritier d'Ivan IV le Terrible. Dimitri II, meurt assassiné le 17 mai 1606, à six heures du matin. Son corps est dépecé et ses cendres sont tirées au canon en direction de la Pologne, son trésor se cache encore quelque part sous le territoire du Kremlin de Moscou.

1611

Sur un tableau en cuivre situé à Varsovie, en Pologne, on peut lire l'inscription suivante : « J'ai envoyé de Moscou 923 charrettes à la porte de Kaluga Mojaïsk ... », rédigé en latin et en polonais, par le roi polonais Sigmund début 1600. La légende raconte, que l'original de ce document fut réalisé sur un panneau de cuivre et qu'il est conservé à Varsovie. C'est là que les trésors pillés par les Polonais pour le roi Sigmund III, dans la période dite des Temps Troubles (1598-1613), furent regroupés. En 1611, un soulèvement contre l'envahisseur, éclate à Moscou contre les occupants polonais. Une fois l'émeute brutalement réprimé, la capitale est pillée. Selon le témoignage de Karamzin, les Polonais volèrent le trésor du roi, tous les ustensiles des anciens monarques, leurs couronnes, sceptres, vêtements richement ornés, icônes, l'or, l'argent, perles, pierres précieuses et tissus. Ces richesses étaient acheminées par 923 chariots avec d'autres biens. Mais les 923 chariots mentionnés n'ont même n'atteignent Smolensk, disparaissant en cours de route. Ils furent enterrés vers Mozhaisk, comme en témoigne une lettre du roi polonais, indiquant où est enfoui ce butin : « le trésor est caché à 650 mètres du cimetière de Saint Nicolas Lapotnogo, qui se dresse sur la rivière Khvorostyanka à la jonction des comtés Mozhaiskogo et Medyn » (Khvorostyanka, Khvorostyanskiy rayon, Samarskaya oblast). Les chercheurs croient qu'il est nécessaire de rechercher un trésor avec des bijoux, de l'or et de l'argent près du Mozhaisk moderne, ou à proximité d'Aprelevka, dans la région de Moscou. Les charrettes n'ont toujours pas été retrouvées.

1718

Au 17ème siècle, sur les ordres du tsar Alexeï Mikhaïlovitch, le maître Azancheïev, perce à plusieurs reprises, un passage souterrain d'importance, près de la rivière Moskova. La fille du Tzar Sofia en profite et demande à Mikhaïlovitch, le percement d'un souterrain supplémentaire, assez grand, qui partait de ses appartements au Kremlin, ressortant plus loin, permettant de rejoindre en troïka l'hiver ou en calèche bâchée tirée par des chevaux l'été, le palais de la famille Galitzine, dans le centre de la ville, où elle y rejoignait son amant pour des rendez-vous galants torrides.

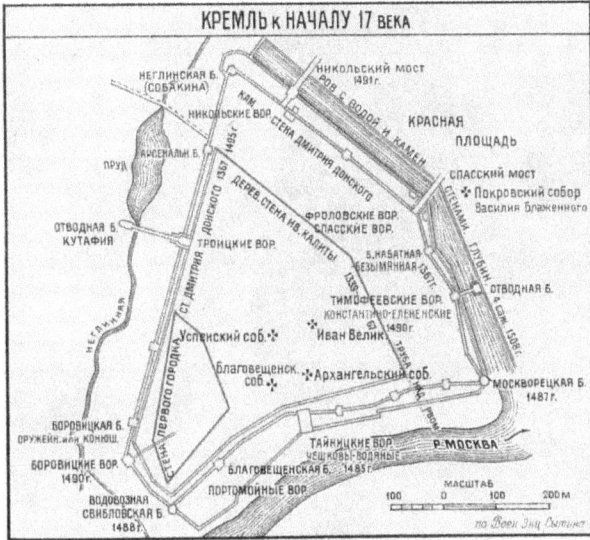

Plan du Kremlin au XVII° siècle.

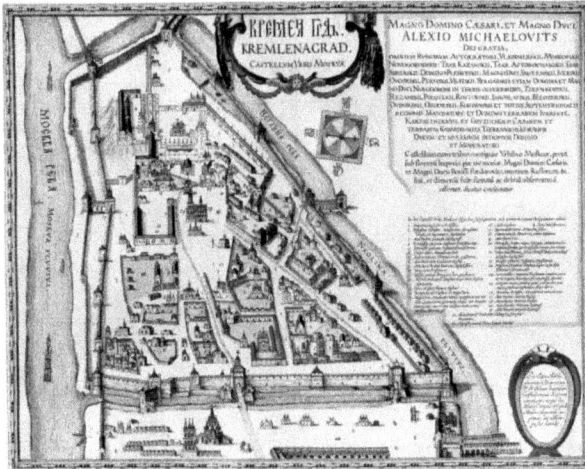

Le Kremlin en 1601

LA RECHERCHE DU TRESOR

1671

Cent ans plus tard, en 1671, alors qu'il y avait une grande famine dans la ville de Vologda, l'entreprenant archevêque Simon de Vologda, ouvrit les caves souterraines atteignant le trésor du tsar Ivan le Terrible. Avec l'argent qu'il y trouva, fut construit le Kremlin de pierre de Vologda entre 1671-1675. Il se trouve désormais dans le centre de la ville. Plus tard, l'entrée des caves fut recouverte de terre, depuis lors, personne ne sait où ces structures souterraines sont situées. Les ecclésiastiques ont probablement pu trouver autre chose, là aussi, le nom de la bibliothèque Libéria est prononcé, mais sans preuves factuelles. On comprend néanmoins qu'Ivan IV avait parsemé les villes où il séjourne durant son exil, de dépôts successifs de butins et d'armes. Elles constituent autant de sites de retraite possible en cas de fuite précipitée, sorte de chapelet de bases arrières, dans des villes où par sa folie, il sema tant de désolation ravissant la vie de milliers d'innocents.

Tour Spasskaïa époque 1800

Le trésor de Vanka Kain (Ваньки Каина) trouve son origine chez un escroc, voleur et propriétaire du premier tripot de jeux clandestin, il vécut au XVIIIe siècle, Vanka Kain (Ванька Каин), selon les rumeurs, il était fabuleusement riche. Après son arrestation, les autorités lui promettent de le libérer de prison, s'il avoue où il a caché les butins. Mais même sous la torture, Vanka prétend qu'il n'est qu'un pauvre homme. Rien n'est trouvé, pas plus que lors de la perquisition de sa maison à Zariadye (Зарядье). La légende colporte que ce trésor est encore caché quelque part dans cette zone. Selon les rumeurs, la torture dénoua son langage, il avoua un certain nombre de crimes, au cours de l'enquête, il s'avéra que Vanka roula dans la farine la police pendant les six années qui suivirent son arrestation, une enquête approfondie fut menée sur l'ensemble de ses actes, et les nombreux recels de ce fils d'un paysan d'Ivanovo, qui émigra ultérieurement au district de Rostov de la province de Iaroslavl, nommé Ivan Ossipov, dit Vanka Kain grand propriétaire de la première maison de jeux clandestins dans la capitale et chef des voleurs de Moscou. Durant quatre ans à compter de Juin 1749 à Juillet 1753, il servit dans la police, nommé détective chargé de capturer les criminels, somme toute ses anciens amis bandits. Son rôle de voleur repenti reconverti en policier dura encore 2 ans jusqu'en Juillet 1755, date à laquelle Vanka fut condamné à mort, mais par décret du Sénat, la sentence est commuée en flagellation puis en définitive à un simple exil, d'abord à Rogervik, puis en Sibérie. Du printemps de 1748 à juillet 1755, des incendies et vols à grande échelle se déroulent sous le commandement de ce curieux détective de police chef des voleurs. Sous le patronage de Vanka-Caïn, le nombre de fugitifs, voleurs, escrocs et bandits, augmenta de plus en plus chaque jour à Moscou. Il mourut en Sibérie laissant sa tanière, sorte de caverne d'Ali Baba au centre de Moscou, déborder de ses larcins, rien ne fut retrouvé dit-on.

La première tentative de recherches de grande ampleur, fut menée à l'automne 1718, sous Pierre Ier, par le sacristain Conan Ossipov, de l'église de Saint-Jean-Baptiste, dans Presnya à Moscou. En se référant aux paroles du diacre Basile Makariev, qui en 1682, sur les ordres de Sophia, descend un grand trésor, dans le passage secret qui mène à la tour Tainitski Sobakina, angle Arsenal, il y voit des chambres avec des coffres. Le sacristain supplie le prince Romanov, pour obtenir la permission de chercher deux chambres secrètes pleines de coffres. En supposant qu'ils pourraient receler, la célèbre Libéria, bibliothèque d'Ivan le Terrible. Le prince Romanov séduit, en accepte l'idée.

Dans la Tour Taynitskaïa, le sacristain trouve l'entrée d'une galerie, qu'il fallut déterrer, des soldats lui furent donnés pour l'aider, mais il y avait un danger d'effondrement, le travail fut interrompu. Ce n'est que six ans plus tard, qu'Ossipov retourne, en vertu d'un Prikaz, Décret de Pierre Ier, lui adjoignant aussi quelques prisonniers pour accomplir de nouveau cette nouvelle mission. Dans le coin de l'Arsenal, Ossipov ouvre l'entrée du donjon inondée par une source. Cinq mètres plus loin, il trébuche sur un gros rocher, les inondations et l'obstruction de la galerie sont des obstacles qu'il ne peut surmonter, cette seconde fois encor, ses recherches avortent.

Dix ans plus tard, Conan Ossipov formule une nouvelle demande, en en appelle à la bienveillance du Sénat, quémande quelque argent, et 20 prisonniers, pour finaliser les d'excavations. Mais il est apparu que le sacristain avait dissimulé le fait, que lors des premières fouilles, ainsi que dans son église d'origine, il fut surpris en train de voler l'argent public, et s'accaparer les trésors du culte. Les fouilles sont interdites, Ossipov jugé et condamné à l'emprisonnement pour ses pillages, il décède, oublié de tous dans les prisons royales peu de temps plus tard.

1725

Parmi les quinze trésors archéologiques les plus intéressants que nous connaissons à Moscou, sous Pierre 1er, enterrés entre 1696 et 1725, seulement deux se composaient de pièces de monnaie. Phénomène surprenant, une bouteille de pharmacie extraite hors sol avec 955 pièces de monnaie, dans la rue Pravda (Rue Vérité) vers Tverskaya près de la porte Arbat autrefois bondée de boutiques. L'objet se trouvait dans les fondations d'un commerce de restauration rapide proche de la station de métro Arbatskaya, le secteur du vieux Moscou historique. Au total, sept trésors du temps de Pierre le Grand après 1696 ont été trouvés à Moscou. Ainsi, sur le territoire de l'ancien village du palais de Kolomensky, désormais le Musée-réserve d'histoire et d'architecture Kolomenskoïe à Moscou (Коломенское) avec son immense parc et un village ancien renfermant plusieurs églises orthodoxes, situé à 10 km au sud du centre de Moscou, environ 450 pièces de monnaie d'Ivan IV, ont été retrouvées sous le mur de l'église, lors des travaux de restauration de l'église de l'Ascension. Ce trésor fut caché en 1571 lors de l'invasion Khan Devlet-Giray venant de Crimée ayant régné de 1551 à 1577, surnommé Le conquérant de la capitale. De nombreux mariages passent par ce Parc de Коломенское pour des séances de photo souvenir. Ce secteur devint l'un des faubourgs de la capitale soviétique dans les années 1960 et appartient aujourd'hui à la partie sud de la ville. Un autre trésor fut sauvé du limon dans la plaine inondable de la rivière de Moscou comprenant 1200 pièces de monnaie espagnole en argent, occasionnant le grand étonnement de tous, sans doute des pièces destinées à la fonte pour refrappe.

En 1753, dans la ville allemande de Halle, près de Liepzig, située dans le land de Saxe-Anhalt sur les bords de la Saale, au Sud-Ouest de Berlin, fut trouvé un livre « Arndts livlandische Chronik », on y fait mention de livres appartenant à Ivan IV dit le Terrible, dans une bibliothèque nommée Liberia, du latin Liber, librairie.

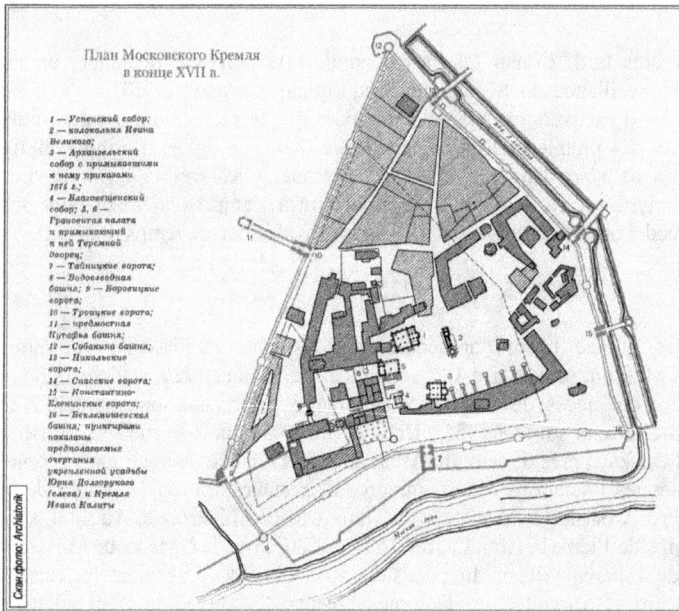

Moscou au XVII° siècle

Le livre contenait l'extrait d'une chronique encore inédite du maire de Riga, Franz Nienstedt (1540-1622), la Chronique de Niensted, publiée en Allemagne en 1839, suivi de d'une traduction russe apparue plusieurs décennies plus tard, en 1883. La chronique contenait une courte histoire du pasteur Johannes Wetterman, à qui Ivan le Terrible montra sa bibliothèque 1566, lui demandant de réaliser un inventaire pour traduire en Russe divers ouvrages précieux du Libéria. C'est la trace de la première traduction officielle connue de ces manuscrits. Dans cette période, Ivan le Terrible, fit construire un passage secret allant du Kremlin à l'extérieur Nord-Est, pour permettre de sortir sous les fortifications, et une fois à l'extérieur, rejoindre un palais secret le Palais Youssoupov (Юсуповский дворец), Il s'agissait d'un pavillon de chasse en plein centre de Moscou, à 2,3 km du Kremlin, jadis dans les bois, utilisé par Ivan le Terrible, pour ses parties de chasse.

Il devint propriété des Youssoupov en 1727, famille qui donna son nom à de nombreux palais à Saint Petersbourg, Yalta ou Moscou. On sait aussi qu'au Nord de l'actuelle Place Rouge, le Musée d'Histoire militaire dispose aussi de portes dérobées et doubles fonds dans ses caves où se situent les réserves non exposées. Le musée se trouve au-dessus du tracé du passage secret, partant vers le palais Youssupov. Un livre allemand édité en 1753 parle du neuvième volume de « L'histoire de l'Etat russe », un certain Nikolay Mikhaïlovitch Karamzine, 1766 - 1826, (Николай Михайлович Карамзин), écrivain russe, poète, historien et critique, une des principales figures littéraires de la Russie. Rédacteur d'une Histoire de l'État russe en 12 volumes il écrivit, que le roi respecté et mari vertueux avait une bibliothèque où Vetterman trouva de nombreux livres rares, amenés de Rome, probablement par la princesse Sophia, il parlait d'Ivan IV, qui avait parsemé son chemin d'exil de divers dépôts successifs de butins, dans les villes, mais personne ne vit sa bibliothèque dans les chariots.

Musée d'Histoire Militaire au Nord de la Place Rouge

1773

En 1773, lors du creusement de la fosse de fondations pour le palais on trouva un trésor de kopecks argent, ce trésor à ce jour n'a pas été conservé, et les documents d'archives ne disent rien sur sa composition.

1801

Au début du règne de l'empereur Alexandre Ier, qui prit le trône de Russie en 1801. Dans les premières années de son règne, à savoir en 1805-1807, la réparation de tous les murs et des tours du Kremlin commença et l'on trouva un récipient en bronze avec des pièces de monnaie en cuivre.

1805

La réparation de tous les murs et tours du Kremlin commença dans les premières années du règne de l'empereur Alexandre Ier, à savoir entre 1805-1807, Pendant les travaux de terrassement, les constructeurs dégagent un récipient en bronze avec des pièces de cuivre et commencent à se les partager entre eux. Mais, heureusement, le célèbre collectionneur d'antiquités russes : Pavel Korobanov passant près d'eux, leur acheté ce trésor pour sa collection personnelle. Le collectionneur acquiert un bol en bronze unique de la fin du 16ème - début du 17ème siècle avec trente-deux pièces de monnaie en cuivre de l'époque romaine.

Eclairage par lampadaires face au GOUM sur la Place Rouge

LES TRESORS DU KREMLIN
Au XVIII° siècle

1812

Le personnel de la Chambre de l'Armurerie du Kremlin, en vue des troupes de Napoléon entrant dans Moscou, emballent les collections exposées pour les emmener secrètement à Nijni-Novgorod. En 1813, ils reviendront à Moscou sans aucune perte. Ce qui laisse concevoir que les Russes eurent le temps de cacher et soustraire certains biens à l'envahisseur Français après la bataille de Borodino, notamment ceux du Comte Rostopchine, alors gouverneur général de Moscou, précipitamment retiré dans son domaine à Voronovo après avoir déposé une note à l'intention des Français : « Ici vous ne trouverez une cendres ».

Dans la nuit du 15 au 16 septembre 1812, selon la version russe, Napoléon et ses généraux fuient le kremlin en flammes suite à l'incendie de Moscou, en s'échappant par les souterrains qu'avaient utilisé les Boyards en 1682 pour éviter les gardes du Tsar qui voulaient les emprisonner. Un mois plus tard, vers le 15 octobre 1812 Napoléon ordonne de faire sauter le Kremlin, au maréchal Mortier qui fait exploser les tours du Kremlin, le palais impérial et la forteresse militaire. Après le départ des Français, on récupéra dans le Kremlin Moscou, plus d'une centaine de fusils, par la suite on fit parvenir au Kremlin quelques-uns des 875 canons laissés sur les champs de bataille par l'armée Napoléonienne en débâcle. On peut photographier de nos jours les canons installés sur un socle spécial en pierre le long des façades de l'Arsenal. Les musées du Kremlin de Moscou ont la plus grande collection historique d'artillerie environ 800 pièces, on ne trouve d'équivalent en Russie en termes quantitatifs, qu'au Musée de l'Artillerie à Saint-Pétersbourg. Les canons d'artillerie des temps les plus anciens, étaient jadis situés sur la Place Rouge, dont une partie devant la porte du Kremlin à Spassky et Nikolsky (Спасских и Никольских). De nos jours, il y a une grotte au pied des remparts du Kremlin, près de la Tour de l'Arsenal, composée d'une cavité avec quatre colonnes de marbre, connue sous le nom de Les Ruines. Cette grotte artificielle décorative, construite en 1821, fut destinée à servir de monument souvenir, de ces évènements de 1812. Les ailes latérales de la cavité, sont constituées de fragments de véritables maisons de Moscou qui avaient été détruites pendant l'incendie sous l'occupation napoléonienne.

La résidence du gouverneur général de Moscou, Fiodor Vassilievitch Rostoptchine (Фёдор Васильевич Ростопчин), était depuis 1800, le manoir de Voronovo. Léon Tolstoï, dans son roman Guerre et paix, parle de Rostopchine et de sa demeure, ses contemporains appelaient cet endroit Le petit Versailles. La propriété de Voronovo, située à 50 km de Moscou, comportait 50 000 ha, de bois, champs et herbages, entretenus par plus de 4 000 moujiks. Rostoptchine était un général russe, qui devint ministre des Affaires étrangères de 1799 à 1801, puis gouverneur général de Moscou de 1812 à 1814. Rostoptchine, incendia tout le centre de Moscou et sa propre demeure, en septembre 1812. Le palais Rostopchine, est réduit en cendres, ensevelissant dans le néant des vases antiques et des statues de marbre, peintures et œuvres d'art importées de toutes les capitales Européennes, et des biens pour un demi-million de roubles.

La Comtesse de Ségur de non nom de naissance Sofia Fiodorovna Rostoptchina, (Софья Фёдоровна Ростопчина), célèbre écrivain de contes pour enfants est la fille de Fédor Rostopchine, elle vécut dans ce château, grand domaine familial. En 1983, lorsque des spécialistes de la Restauration des bâtiments y entreprirent des travaux, ils trouvèrent un passage souterrain de plus de deux mètres de haut. Sa longueur s'est avérée petite, en raison des voûtes en ruines, le tunnel fut finalement rempli pour éviter les accidents. En conséquence, il ne fait aucun doute qu'il y a des passages souterrains à Voronovo, mais des recherches sérieuses n'ont pas été menées dans ce domaine. Il est probable que Rostopchine ait évacué dans le plus grand secret une partie de sa fortune pour la placer en sécurité dans un autre de ses domaines près de Lipetsk à environ 350 – 400 km au sud de Moscou. De nos jours, sur le site de l'ancien domaine de la famille de la Comtesse de Ségur, se trouve désormais un sanatorium nommé Voronovo, situé au 61ème kilomètre de l'autoroute de Staro-Kaluga, à 37 kilomètres du périphérique de Moscou.

Accusé d'avoir incendié la capitale Russe, Fiodor Rostoptchine est banni du cercle aristocratique, disgracié par le tsar, il doit s'exiler en urgence, partant pour l'étranger seul, avec simplement un domestique fidèle, il se rend en Pologne en 1814, puis en Allemagne, en Italie et, enfin, en France en 1817. Il y fait venir le reste de famille ainsi que sa fille Sofia, très cultivée, polyglotte, parlant cinq langues. Rostoptchine fut considéré par toutes les monarchies Européennes comme un sauveur, face à Napoléon, il mourut de retour au pays à Saint-Pétersbourg le 30 janvier 1826. Sophie Rostopchine devient célèbre avec ses romans, et contracte une maladie vénérienne transmise par son mari volage qui la trompe avec leur propre bonne, et de nombreuses femmes de mauvaise vie aux mœurs tarifées, elle signe son premier contrat en octobre 1855, l'écriture devient sa source de revenus après que son mari lui coupe les vivres. Elle demeure dans son domaine, offert par son père en 1822, à Aube en Normandie. En 1866, elle devient nonne franciscaine après sa conversion au Catholicisme, sous le nom de sœur Marie-Françoise, mais continue à écrire. La chute des ventes et la perte de ses droits d'auteur l'obligent à vendre le domaine de Nouettes en 1872, elle se retire à Paris, au 27, rue Casimir Périer en 1873. Malgré cette fin de vie modeste, les Russes continuent à croire que la fortune de son père subsiste, et il fait partie des légendes alimentées par les chercheurs de trésors.

LE TRESOR DE NAPOLEON
ISSU DU PILLAGE DE LA RUSSIE
AU FOND DU LAC DE SMOLENSK

Napoléon, après avoir battu l'armée russe de Koutouzov à la Moskova en septembre 1812, il entre dans Moscou qu'il pille, L'Empereur Français décide un mois plus tard de quitter la capitale et ramener la Grande armée en Europe. Napoléon abandonne Moscou à midi le 19 octobre 1812. Son adjudant, le brigadier-général Philippe-Paul Comte de Ségur, frère de la vicomtesse de Pitray, oncle par alliance de Sophie Rostopchine, devenue écrivain sous la plume de Comtesse de Ségur, le destin est ainsi capricieux avec les personnes, cite l'exclamation de Napoléon sur le départ : « Nous allons à Kalouga ! Et malheur à ceux qui seront sur mon chemin ». Le Comte de Ségur promu général de brigade le 22 Février 1812, fut ensuite nommé aide de camp de l'Empereur, c'est sous ces galons, qu'il participa à la campagne de Russie, dans le camp opposé à celui de sa nièce par alliance.

Se déplaçant le long de la route 1 de Kaluga, l'immense armée n'a jamais pu complètement traverser la ville le soir, car la colonne en retraite comptait à cette époque, plus de 14 000 cavaliers, 90 000 fantassins et 12 000 soldats non-combattants. Cette armée emportait avec elle environ 180 tonnes d'or, 325 tonnes d'argent, et un nombre indéfini d'ustensiles d'église, icônes, cadres d'or, armes anciennes, fourrures, bijoux, pierres précieuses desserties des lieux de cultes. Quelques articles de précieux dont les métaux, furent fondus en lingots avec la lettre N en l'honneur de l'empereur. À cette fin, la cathédrale Uspensky du Kremlin sera équipée de fours de fusion. Napoléon ordonna de sortir tous les trophées du Kremlin, pour enlever les diamants, perles, l'or et l'argent des églises, dessertir tous les ornements précieux. Il a même ordonné d'enlever la croix dorée du dôme d'Ivan le Grand. Selon ce qu'écrit l'officier un officier : « Nous avons emmené tout ce qui a échappé au feu. Les voitures les plus élégantes et les plus luxueuses circulaient alternativement avec charrettes, Troïkas et les chariots à provisions ». (Histoire de Napoléon et de la Grande-Armée pendant l'année 1812, Tome II).

Selon Philippe-Paul de Ségur :

« Je devais jeter dans le lac de Smolensk, tout ce qui avait été emporté de Moscou, ici ont coulé ici armes à feu, armes anciennes, décorations du Kremlin et une croix d'Ivan le Grand. Les trophées, la gloire, toutes les richesses pour lesquelles nous avons tout sacrifié, sont devenues un fardeau pour nous ; Maintenant, la question n'était pas de savoir comment décorer votre vie, mais comment la sauver ». Sur ces lignes s'est basé le célèbre baron écrivain écossais, Walter Scott, en 1835 à Saint-Pétersbourg, publié 14 volumes de son travail "La vie de Napoléon Bonaparte, empereur de France". Selon Scott, et d'après sa principale source Philippe-Paul de Ségur : « Napoléon a ordonné que les prises de Moscou, armures anciennes, armes à feu, et une grande croix d'Ivan le Grand soient jetées dans le lac de Smolensk, il ne voulait pas les restituer, et il n'était pas en mesure de les prendre avec lui ». Après avoir lu cela, le gouverneur général de Smolensk, Nikolai Khmelnitsky, commence des recherches en plein hiver avec une subvention de 4 000 roubles de l'époque allouée par l'Etat, mais sans résultat. La profondeur du lac de Smolensk est de 21 mètres, mais les 14-15 derniers mètres descendent dans la vase et le limon. À cause de cela, la visibilité dans le lac est déjà nulle par cinq à six mètres. Si on prend en compte le temps passé, entre 1812 et aujourd'hui le trésor pourrait être recouvert par deux à trois mètres de sédiments, troncs d'arbres etc. En partant de Smolensk, Bonaparte divise l'armée en quatre colonnes, cette opportunité est mise à profit par le général russe Miloradovitch, qui, le 15 novembre, près du village de Krasnoe, attaqué les Français, puis fait prisonniers deux mille soldats, des cavaliers régiment d'Uhlans, capturent le convoi du 1er corps du maréchal Davout, avec des trophées provenant du butin pillé à Moscou, y compris de l'or et de l'argent pour la somme de 31 mille roubles. Le Trésor de Moscou devient pesant qui entrave la retraite, il faut choisir entre tout abandonner ou perdre la vie, les français décident de na pas ralentir la cadence, mais l'Empereur furieux ne veux rien rendre de ce qu'il entend voler aux Russes, il décide qu'ils ne le récupèreront jamais, comme diront les Russes par la suite : « Quelle grandeur d'âme ces Français ». La vaillante armée impériale reconvertie en bande de soudards mourants, aux calices liturgiques en or dans les mains, n'est plus qu'un ramassis de bandits à demi congelés qui s'attachent à leur butin matériel avec déjà les deux pieds dans la tombe.

Tour Beklemisheskaya au Sud-Est du Kremlin

APRES LA BEREZINA

Le 25 novembre, Napoléon à la tête de 50 000 hommes arrive face au fleuve Bérézina, ses pontonniers construisent deux ouvrages, le premier long de 100 mètres et large de 4 est destiné au passage de l'armée a pied, le second plus court et plus solide étant dédié au passage des voitures et marchandises. La traversée commence le 26 et se poursuit jusqu'au 28 novembre, les ponts sont détruits par le général Eblé et ses pontonniers du génie, le 29 novembre, alors même qu'une partie de l'armée ne les a pas encore franchis, les laissant face à l'armée russe sans recours, une dizaine de milliers de retardataires ne purent traverser le fleuve gelé. L'armée de Napoléon se déplace de l'autre côté de la Bérézina, sur la route de Borisov à Molodetchno (Борисова в Молодечно), la température a chuté à 15-16 degrés, à moins 25-28 degrés Celsius. Les soldats ont gelé sur la route, dans les bivouacs, sur place, dans les champs. Selon la légende, au village de Motygol (Мотыголь), l'empereur épuisé est finalement conduit à la propriété Selishche (Селище), pour la nuit, accompagné d'un bataillon de sa vieille garde de grognards, qui escortait une charrette chargée de tonneaux de chêne remplis d'or. Il était impossible de transporter la cargaison plus loin, les chevaux tombaient, et il n'y avait aucun endroit où en trouver de nouveaux. Napoléon ordonné d'enterrer l'or, les officiers font exécuter cet ordre en pleine nuit, ils placent dessus, une énorme pierre comme point de référence, pour marquer le lieu d'enfouissement. Cette histoire fut oubliée durant vingt ans, jusqu'en 1840, sur la propriété de Selishche, on construit un nouveau domaine avec un manoir. Pour les fondations, les paysans apportent des pierres ramassées dans les champs. Bientôt un homme arrive de France avec un plan et annonce qu'il cherche des tonneaux enterrés en 1812. Mais après 28 ans le terrain ne correspond plus au plan. Il cherche une Pierre pointue (Острый камень), avec un signe, sous la forme d'un fer à cheval (знаком в виде подковы) sculpté sur elle, après une longue recherche, elle se trouvait désormais sur le côté droit du porche, dans la fondation du nouveau manoir seigneurial. Les fouilles dans les champs ne donnèrent rien, personne ne se souvenait déjà plus du lieu d'origine du rocher, le français retourna dans sa patrie et les paysans au labourage des champs. Les tonneaux et leurs richesses sont encore là sous les récoltes saisonnières régulières des paysans.

LE TRESOR DE POLOSK

En novembre 1812, à la verste de la route de Polotsk, (Полоцкого шоссе), sous le pont enjambant la rivière Vileika (Вилейка), un paysan du village de Mitskuny (Мицкуны) Yury Makovsky (Юрий Маковский), se cachait pour ne pas être vu des soldats. Le pont était franchi par une partie de l'armée française en retraite. Makovsky remarque que les soldats jettent un objet lourd du pont. Quand les Français finissent de passer, le paysan qui n'avait pas peur de plonger dans l'eau glacée, ressortit avec un petit tonnelet sur la rive, avec assez pour vivre 30 ans, lui et sa famille. Tel le Petit Poucet, la Grande Armée Impériale mourant de froid, sème sa retraite d'or dans une déroute pitoyable.

La tour Spasskaya ou tour Saint-Sauveur (1491), vue en 1800.

LE CONVOI DE L'OR EN LITHUANIE

Le territoire des anciennes provinces Vilna et Kovno au sud et à l'ouest de la Lituanie, est la zone où en 1812, la grande armée abandonna un grand nombre d'effets. Pendant des décennies, les agriculteurs, y déterrèrent des fusils, épées, sabres, uniformes, fragments de munitions, boutons, boucles, pièces de monnaie, y compris de l'or, des pièces de 20 francs or, ossements, milliers de restes humains avec leurs uniformes pourris. La légende indique également des endroits où les trésors peuvent être cachés. Par exemple, au village d'Evie, sur la route Staro-Vilnensky (Евье, на Старо-Виленской), les Français ont coulé au fond du lac près de Zakreta (Закрета), dans la banlieue de Vilna, un ou des chariots d'argent et de documents. Cet or fut recherché sans succès au milieu du XIXe siècle par German Miller. Et en mai 1826, le ministre français Jean Petit parvient à la mission russe de Karlsruhe, une ville située dans le sud-ouest de l'Allemagne, et y déclare qu'il connait l'emplacement des biens volés aux russes, enterrés dans les environs de Vilna. Il demande un passeport et de l'aide, affirmant qu'il connait d'autres biens précieux cachées dans des creux d'arbres et des grottes. Comme on se doute il fut invité à repartir chez-lui, il était hors de question pour les Russes de donner une quelconque part de butin provenant de leurs églises pillées à ce rapace français, ministre ou pas.

Napoléon avait transféré le commandement à Murat, l'Empereur s'enfuyait pour Paris comme s'il avait eu le diable aux trousses il se confia : « A Vilna, mes troupes ont pillé douze millions », admit Napoléon lui-même. Le 10 décembre, sur la route entre Vilna et Kovno, les charrettes tirées par les chevaux épuisés se sont arrêtées dans la glace, sans défense devant la montagne Ponar. Selon ce que rapporte de Kovno le 12 Décembre, le maréchal Berthier : « une gorge et une colline escarpée, infranchissables par les chariots. Arrivée à cinq heures du matin, l'artillerie, et l'ensemble du convoi de l'armée donnait un spectacle pitoyable. Aucun équipage ne pouvait avancer, le canyon était encombré de canons et les chariots renversés sur le bas-côté ». L'heure fut venue, de décider l'abandon définitif de toute l'artillerie, les fourgons avec le butin pillé à Moscou : « Je pourrais avoir un sac d'or, avec 50 mille Napoléons. Mais j'ai trouvé son poids trop lourd, et je me suis contenté de quelques poignées, que j'ai mises dans mon pantalon », se souvient un grenadier belge anonyme. Le maréchal Berthier avec l'aide de soldats de la vieille garde réussit à sauver des choses qui appartenaient personnellement à l'empereur : « Votre argent et l'argent du trésorier de votre bureau ont été mis en sac et transportés sur nos chevaux. Nous avons atteint le sommet de la montagne, en faisant notre chemin à travers la forêt, à droite et à gauche », déclare Berthier. Les charrettes restantes avec de l'or, sont allées à Kovno, où l'argent a été déposé. Il y avait environ trois ou quatre mille soldats fatigués et congelés, qui escortaient le convoi de l'or, tout ce qui restait des 1er et 4e corps d'infanterie et de la cavalerie de l'armée. Le pillage des charrettes et de l'or se poursuivit après la traversée du Nièmen par les Français le 13 décembre 1812. Beaucoup de charrettes sont renversées dans les champs. Des traces des trésors de Napoléon jonchaient le sud de la route Berezina-Vilna-Kovno-Prusse orientale. Les soldats russes qui talonnaient l'arrière garde, ramassaient nombre de biens précieux à même la neige gelée. Mais ils ne pouvaient guère fouiller les manteaux des grognards, devenus des statues glace.

Il y a encore de nos jours des preuves de trésors cachés dans les environs de Grodno et Bialystok. Cinq à sept ans après la fin de la guerre entre 1817 et 1820, d'anciens officiers et soldats napoléoniens viennent proposer leurs services auprès des ambassades russes. Des Français, Autrichiens, Allemands, Italiens, Polonais, Espagnols, Néerlandais, Portugais, Lituaniens, voulaient revenir en Russie et obtenir leur part de butin en échange d'informations pour le retrouver. Les demandes individuelles ont été satisfaites, mais les trésors, dispersés sur les nombreuses cachettes, avaient disparu, on dirait que le temps a effacé toutes les traces.

Le Kremlin vue du quai Rauchkaya Nab

LA PISTE DU LIBERIA
RESSURGIT DE L'OUBLI

1822

Le professeur Christopher von Dabelov, historien du XIXe siècle originaire de Derpt, aujourd'hui Tartu, en Estonie, fut invité par la nouvelle université de Derp, alors partie du duché de Mecklembourg-Schwerin. Il fit un exposé sur un article qu'il avait publié à Riga cette même année : Veber die Juristen fakultät zu Dotrat, au travers duquel il affirme, que parmi des archives de documents non publiés, il se trouve une liste de 141 volumes rares issus de la bibliothèque Liberia. Sept ans plus tard, en 1829, Friedrich Klossius, qui en fit la demande, reçut de Von Dabelov une copie complète du dit document. C'est également en 1822, qu'un professeur de droit romain, Christian Dabel, confirma que dans les archives de la ville de Parnu, aujourd'hui en Estonie, il avait trouvé un catalogue manuscrit, de la bibliothèque d'un grand-duc russe, le document était rédigé en Allemand, en des lettres minuscules, extrêmement floues, d'une encre jaune et laide, sur un papier également assez jauni. Le catalogue faisait référence à 800 livres, mais tous les titres, n'y étaient pas référencés. La liste comportait seulement 142 volumes de l'Histoire romaine, Titus, Cicéron et la République Romaine, et un Istoriarium (inconnu), 20 volumes de l'Histoire de Tacite, un ouvrage sur Virgile, un livre complétait qui l'histoire inachevée des douze Césars.

1834

En 1834, le deuxième numéro du Journal du Ministère de l'éducation, publie un article, du Professeur de l'Université de Dorpat, Friedrich Klossius : « Le Grand Prince Vasily Ivanovich et la Bibliothèque du tsar Ivan Vassilievitch ». Klossius, y commente largement la liste de Dabelov, et les manuscrits des Chroniques de Niensted. À la fin du XIXe siècle, de nouvelles fouilles sont menées au Kremlin, par l'allemand, Edward Tremer. Il y découvre les restes du palais de Basil III, mais ne parvient pas à trouver de passages souterrains.

1837

Lors de la construction du Grand Palais du Kremlin entre 1837 et 1851, l'ancienne église de la Résurrection de Lazare (Лазаревская церковь) qui s'y trouve comporte, des couloirs et des cachettes. On trouve, le trésor du grand-duc Ivan III, ainsi que d'autres richesses, par hasard dans les murs et les dômes de la cathédrale de l'Assomption, où furent creusées un certain nombre de cachettes, c'est dans l'une d'elles qu'était niché le trésor mis sous la protection de l'église. Non loin de là, un des premiers trésors du Kremlin, fut ultérieurement déterré au milieu du XIXe siècle, lors des travaux de construction grandioses d'un nouveau palais royal et d'un bâtiment l'Armurerie. La date de son enfouissement est 1177, remonte au moment où Moscou brûle dans un incendie poussant le prince Ryazan Gleb, à cacher des bijoux en argent sous des fondations. Le trésor est intéressant car il a été placé dans un bol en bronze d'un diamètre de 28 cm de la période pré-mongole. Les ustensiles en métal étaient coûteux dans la vie quotidienne des habitants de l'ancienne ville russe et sont une rareté les gens utilisaient surtout de la vaisselle en bois.

Grand Palais du Kremlin-Tour de l'eau

1840

Lors de la fouille des fondations du monastère de l'Annonciation en 1840, des caves et des passages souterrains jonchés d'ossements humains, sont découverts. Ces tunnels suivent une route qui passe sous la cathédrale de l'Annonciation. Dans cette dernière, le prince Scherbatov, ouvre une cache, descendant vers un niveau inférieur, le prince fait creuser sous le plancher, atteignant un sol en mosaïque, qui était au-dessus de la voûte d'un tunnel, ou d'une structure souterraine renforcée. Il découvre aussi une mystérieuse porte de fer, située dans les cachots entre l'Annonciation et la Cathédrale de l'Archange-Saint-Michel, mais ne perce pas le mystère des corridors vers lesquels elle barre le passage. Les chasseurs de trésors comme le prince Shcherbatov, ont toujours été attirés par la légendaire colline Borovitsky. L'histoire officielle de Moscou, remonte au milieu du XIIe siècle, lorsque, Iouri Dolgorouki, érigea le premier kremlin au sommet de la colline Borovitsky, un emplacement stratégique, ceinturé d'une muraille en rondins, qui protégeait quelques habitations. L'actuel Jardin d'Alexandre, est situé sur une pente de la colline Borovitsky, derrière la porte Iversky, et longe le mur occidental du Kremlin. Jadis, à cet endroit se trouvait le lit de la rivière Neglinka (Neglinnaïa), qu'un pont enjambait jusqu'à la porte sous la tour de la Trinité. L'histoire donne raison à ces aventuriers, car au cours des 200 dernières années, dans l'enceinte du Kremlin, on a trouvé 24 trésors, et le nombre total de découvertes de valeur connues faites sur le territoire du centre Moscou, est d'environ deux cents trésors.

1843

En Décembre 1843, lors de nouvelles constructions au Kremlin, des fragments de documents avec des cachets de cire et de plomb furent trouvés dans un pichet en cuivre avec une poignée partiellement cassée. Le pichet de cuivre avec un fond soudé à l'étain, dans lequel les documents anciens furent placés, a une hauteur de 31 cm avec un diamètre de la gorge d'environ 7 cm. En 1844, un rapport intéressant fut rendu, lors d'une réunion de l'Académie Russe des Sciences par Ya I. Berednikov, il relate les circonstances de la découverte et du statut des documents :

« Étant sous la terre dans un récipient rempli d'eau, ils sont plus ou moins endommagés, de sorte que certaines des lettres ne sont pas visibles du tout ».

Des lettres écrites en parchemin et en papier du XIVe siècle, vingt et un documents avec des sceaux de plomb et de cire, appartenant tous à l'époque du règne du prince Dmitri Ivanovitch, qui après la bataille de Koulikovo de 1380 reçut le surnom de Donskoï. Il s'est avéré que plusieurs lettres sont liées au sort des résidents de Torjok, une ville de l'oblast de Tver. L'un des documents écrit sur le papier, énumère les paiements d'un habitant de Torjok, du nom d'Evsevka (Eusebe). Les archéologues supposent que les lettres furent cachées à la fin du 14ème siècle, probablement en 1382, lors du siège de Moscou par les troupes du Khan chef des Hordes Mongoles.

1844

Le 19 Octobre, 1844, à l'époque des travaux de construction grandiose du nouveau palais royal du Kremlin et d'un bâtiment pour l'armurerie. C'était des ornements en argent placés dans un bol en bronze, deux hryvnia et deux anneaux à sept pales en argent torsadé de la période pré-mongole, le plus souvent utilisés au XIIe siècle. Les anneaux qui ornaient autrefois la coiffe ou les cheveux d'une femme étaient en à l'intérieur d'un bol en bronze d'un diamètre de 28 cm et d'une hauteur de 12 cm.

Le premier trésor important trouvé au Kremlin sera fait, consécutivement à toutes ces recherches assidues, initiées en 1840 et remonte à 1844, il s'agit du plus ancien extrait de la colline Borovitsky, il fut enterré en 1177, quand Moscou fut attaquée par le prince de Ryazan Gleb Rostislavitch, et demeura caché sous terre durant 700 ans.

1849

Un autre trésor trouvé en 1849, mais dans le mur du clocher d'Ivan le Grand, composé de dix-neuf pièces d'argent frappées au début du règne de Pierre Ier, découvert dans le mur de cette grande structure. Il est de notoriété connue que les locaux du clocher vers 1720, au XVIIIe siècle, ont été utilisés pour le logement des gens de la cour, ou les prêtres du Kremlin.

La tour Taynitskaya, fut de nouveau convoitée, il y avait sous elle un passage souterrain secret, menant à la rivière pour obtenir de l'eau pendant un siège, circulant sous la voûte dite « d'écoute » des tours, servant à empêcher l'ennemi de percer le Kremlin. En 1852, après une inondation en raison de fortes pluies, une ouverture spontanée se crée après l'érosion de la terre sous le trottoir. Juste au pied de la tour, quatre chambres souterraines sont trouvées, elles ne figuraient sur aucun plan ou registre. Une autre tour, construite pour protéger le gué et la traversée de la Moskova. La tour Beklemishevskaya de 46,2 m de hauteur, fut aussi utilisée comme lieu de torture et d'emprisonnement, ses cachots sont connus, mais ses chambres secrètes n'avaient pas l'apparence habituelle de geôles. Au cours de la révolution d'Octobre 1917, le sommet de la tour Beklemishevskaya fut endommagé par un obus, elle doit être restaurée en 1918 par l'architecte Rylsky. On savait depuis longtemps, que toutes les tours communiquaient, car non loin de la Tour Spasskaya au XVIIe, siècle dans la fosse, un trou débouche sur un passage secret, conduisant à une chambre souterraine directement sous la cathédrale Saint-Basile à l'extérieur du Kremlin au Sud de la Place Rouge.

Sommet de la tour du Kremlin endommagée en 1917

La tour de la Trinité intéressait N.S. Shcherbatov car en 1812, quelque part dans les caches de celle-ci furent placées les valeurs du chef de l'administration du palais P. S. Valuev. En 1852, de fortes pluies sur la chaussée au pied de la tour font s'ouvrir quatre chambres souterraines, dont une sous la tour. Dans le mur lui-même figuraient encore les contours de quelques grandes arcades. L'entrée à ces chambres hermétiquement closes était inconnue. Shcherbatov perce dans les murs des chambres souterraines mystérieuses, creuse la maçonnerie, ce qui lui prend un mois entier. Les espoirs de l'archéologue furent justifiés, la galerie menait à une chambre secrète avec des arcs en pierre blanche de 5 mètres de haut. Dans le sol on pouvait voir une trappe couverte d'un poêle, à travers laquelle on accédait à une chambre basse. À côté d'elle, une autre chambre secrète est dégagée. De la deuxième chambre supérieure dans son mur côté droit à l'Est, commencé un long tunnel, étroit et bas. Après avoir dégagé celui-ci, il s'est avéré qu'à l'intérieur du mur du Kremlin, un escalier en pierre blanche d'environ 10 mètres de long reliant les niveaux entre eux. Toutes les salles dénichées disposaient d'évents, également obstrués avec de la terre. Fait intéressant, dans le plancher de l'une des chambres supérieures était percé un orifice pour descendre encore plus bas, à proximité de la paroi il y avait une niche au fond de laquelle il y avait aussi une cheminée de descente vers un troisième ou éventuellement un quatrième niveau de structures.

Douze ans plus tard, dans un endroit très connu des Moscovites, le Trésor dit Dyakovsky est exhumé en 1864, il provient de l'un des endroits saturés de trésors, la colline de Djakovo sur le territoire de la réserve de musée moderne Kolomenskoïe. Bien avant les Tsars, il existait une ancienne colonie Mérianique d'une tribu finno-ougrienne, des peuples finniques sont un mixe des Finnois, Estoniens et des ougriens – Hongrois, qui vivaient le long des rives de la Moskova jusqu'à l'arrivée des Slaves. Au milieu du XIXe siècle, les paysans locaux, attirés par les bonnes terres grasses de la colline, furent tentés d'en prélever des mottes pour les disperser secrètement dans leurs jardins. La terre contenait souvent des ornements de bronze, restes de poteries et ustensiles de la vie courante. Ils finirent par attirer l'attention d'un éminent archéologue russe Dmitry Samokvasov. Et en 1864, il décide d'excaver. La première saison a donné des boucles, bracelets et deux hryvnia de bronze. Les suivantes beaucoup d'accessoires en métal, surtout des alliages de bronze, du fer. Mais Shcherbatov n'était pas homme à s'abaisser à de modestes fouilles archéologiques traditionnelles, lui, le grand prince, aspirait au grand trésor royal.

1882

Le 15 avril 1882, un donjon s'ouvre au milieu de la route entre le Tsar Cannon dit Tsar Pouchka, un canon gigantesque, fondu en 1586, par le maître russe Andreï Tchokhov, à la demande du tsar Fédor Ier, fils d'Ivan le Terrible, et le mur du monastère de Tchudov. Trois policiers pouvaient y circuler, soit environ deux à trois mètres de large. Une extrémité du tunnel reposait contre le mur du monastère de Tchudov, et la seconde était entassée de pierres.

1884

Sofya Ivanovna Blyuvshteyn (Софья Ивановна Блювштейн), de son nom de jeune fille Stendel, nait en 1859, elle perd sa mère vers l'âge de quatre ans. Le père, s'étant marié à nouveau, ils déménagent la famille à Odessa, où la belle-mère a une petite épicerie, elle y devint son souffre-douleur avant de s'enfuir à l'adolescence pour débuter une carrière criminelle sous son pseudo de Sonka les Mains d'Or (Сонька Золотая Ручка). Cette femme du nom de guerre Mains d'Or (Золотой Ручки), passe quelques jours en prison en 1884, elle y charme littéralement ses gardiens, récitant par cœur des vers en russe, français ou allemand. Sous son charme un des gardes devient son amant, l'aide à s'échapper en s'enfuyant à ses côtés. Le déserteur est arrêté à Odessa et traduit en justice. Sonka poursuit sa cavale exerçant ses activités de voleuse en Ukraine et en Russie, avant d'être passée en procès pour différentes affaires d'arnaques de bijoux et d'argent subtilisé. Condamnée en 1885 puis exilée sur l'île de Sakhaline où elle parvient à l'automne 1886, elle réside à l'extérieur de la prison comme toutes les femmes déportées aux travaux forcés, dans un appartement gratuit. Elle ne tarde pas à s'évader, ne se présentant pas au contrôle hebdomadaire du bureau de la gendarmerie Tsariste. Elle participe à quelques larcins et se rend complice d'au moins un meurtre suivi notamment d'un vol de 56 000 roubles or, délestés à Yurovsky. Sonka avait pour habitude de se reposer ensuite et consommer ses larcins, menant grand train de vie à Marienbad, où elle résidait sous de fausses identités d'emprunt avec un faux titre de comtesse. Au cours des dernières années, la Main d'Or, survit de ses économies avec ses filles à Moscou. Selon sa légende, Sonka plaça un énorme diamant dans un samovar et le cacha non loin du marché de Khitrov (Хитровка), un ancien quartier de Moscou situé autour de place Khitrovskaïa (хитровская площадь), qui exista des années 1820 aux années 1930, il était aussi connu sous le nom de marché Khitrov. Aujourd'hui l'emplacement du marché, se situe au n°11 de la rue Podkolokolny (подколокольный переулок). Non loin de l'Ambassade d'Autriche. Le diamant géant ainsi qu'une quantité importante de bijoux issus d'arnaques audacieuses sur la période de 1913-1915 ne refirent jamais surface.

1888

Un curieux trésor fut découvert en 1888 au début de la rue Myasnitskaya. Il contenait 915 pièces de monnaie en cuivre du 15ème siècle. Maintenant Myasnitskaya est au centre-ville, mais jadis figurait dans les faubourgs où s'installaient marchands ambulants et colporteurs en tous genres.

1889

En 1889, lorsque les anciens salons attenants au Goum furent écroulés vers l'Est de la Place Rouge, à une profondeur de 5 mètres, cinq anciennes salles voûtées furent ouvertes. Non loin de là, six autres chambres souterraines avaient déjà été trouvées à une profondeur de 7 mètres. Elles étaient sur deux étages différents. Certaines chambres reliées entre elles par de petites fenêtres semi-circulaires, la deuxième reliée par des couloirs, et la troisième n'avait ni fenêtres ni portes. Au cours des fouilles, les archéologues trouvent un ancien casque du XVIe siècle, ainsi que de nombreuses pièces d'argent et squelettes humains. Ces chambres étaient sous les plus anciennes galeries marchandes de Moscou datant du grand moyen âge et au-dessus se trouve désormais la plus célèbre galerie marchande touristique Moscovite la GOUM.

1891

Dans Bolchoï Kharitonievsky Pereulok au n° 21, demeure le Palais des princes Youssupov, une des demeures princières les plus mystérieuses du vieux Moscou. La famille Youssupov s'entoure d'un halo de mystères non résolus et de légendes passionnantes, pas seulement au sujet de l'affaire Raspoutine, leurs palais et manoirs colportent des rumeurs de malédictions fatales, et de trésors inestimables. Après avoir connu plusieurs reconstructions, le palais conserve encore de nos jours la superbe de sa grandeur passée. Selon les mémoires de Felix Youssupov, l'architecte Ivan Yakovlevich Barma dit Postnik Yakovlev, le même qui construisit la cathédrale de Saint-Basile le Bienheureux fut à l'origine du palais familial à Kharitonievsky Pereulok, avant qu'Ivan IV ne lui fasse crever les yeux. Une autre hypothèse largement répandue colporte que ce Postnik dit Barma, seraient deux architectes distincts, mais ayant travaillé ensemble. Selon une vieille histoire, le premier bâtiment sur le site du palais Youssupov, fut un pavillon de chasse érigé au 16ème siècle par Ivan le Terrible. Un jour le redoutable tsar Grozny, chevauchait à travers une forêt de pins, quand il fut frappé à la tête par une branche, son chapeau tomba dans la neige. Le roi le prit cela comme un signe du destin et ordonna de couper tous les pins centenaires présents, réalisant une large clairière pour élever un relais de chasse, qu'il nomma Sokolnich. Naturellement, en ce lieu, il y eut caves et cachots dont Ivan le terrible ne pouvait se passer, tant il avait une addiction intense aux souffrances infligées par les tortures sur autrui, supplices indescriptibles dont il se délectait quotidiennement. La rumeur se répandit vite à Moscou, selon les habitants, dans le palais de chasse, il y avait une prison souterraine, avec des tortures, des sacs de pierres et des prisonniers enchaînés, la mort y rôdait jour et nuit. Mais pas seulement, en secret, un passage souterrain très long fut creusé depuis le palais au Kremlin jusqu'ici. Bientôt tout un labyrinthe souterrain permettait au roi d'apparaître soudainement au bon endroit et au bon moment, alors qu'on s'y attendait le moins. Les premiers Youssupov, de la lignée de Yusuf Murza, arrivèrent à Moscou sous l'époque d'Ivan le Terrible, mais ce n'est qu'en 1727, que le Palais de chasse maudit est racheté par le prince Gregory D. Youssupov Knyazhevo.

Le Prince Nikolai Youssupov fut sénateur, ministre, membre du Conseil d'Etat, et premier directeur de l'Hermitage de Saint Pétersbourg, ainsi que responsable de tous les théâtres de Russie, à moments perdus, occasionnellement un des nombreux amants la Grande Catherine de Russie, longtemps son préféré dit-on. L'historienne Elizaveta Petrovna Yankova, écrivit à son sujet : « Dans le manoir du prince à Arkhangelsk, étaient accrochés les portraits de ses maîtresses, plus de trois cents... Le prince lui-même ne connaissait pas ses richesses ». En 1793, le prince Nicolas épouse la nièce du prince Potemkine, Tatiana Vassilievna Engelhardt, des suites de cette union ? débute la célèbre collection de bijoux Youssupov comprenant plus de 180 joyaux extraordinaires. Il est intéressant de savoir qu'après la révolution, en essayant de trouver les joyaux des Youssupov, les bolcheviks abattirent tous les murs de son palais magnifique à Saint-Pétersbourg. Ils ne trouvèrent pas de bijoux, mais une pièce secrète adjacente à la chambre de la grand-mère qui vivait avec un ancien amant décédé emmuré derrière la cloison. En 1891, les terribles rumeurs anciennes sont confirmées, pendant les travaux de réparation dans la partie inférieure de la maison Youssoupov, on trouve un cachot sordide, avec un tunnel mystérieux, qui contenait les restes de prisonniers, enchaînés aux murs. Quelques autres squelettes furent trouvés à l'intérieur de niches indescriptibles dans l'ancienne église de la maison à l'étage supérieur. Selon la légende familiale la lignée des Youssupov fut maudite par le Tsarevich car un membre de leur famille Gregory Youssupov se rangea aux côtés de Pierre Premier lorsqu'il condamna son fils Alexei à mort. Quoi qu'il en soit, la malédiction familiale se réalisa scrupuleusement. Peu importe le nombre d'enfants nés chez les Youssupov, un seul survécut jusqu'à l'âge de 26 ans. Et la malédiction toucha non seulement les hommes, mais aussi les femmes et même les enfants illégitimes des princes avec leurs maitresses.

1894

L'histoire continue en 1894, la quête du Libéria est reprise par un fonctionnaire des missions spéciales, le prince Nikolaï Scherbatov. Certains des trésors du Kremlin ont été trouvés grâce à l'intérêt indéfectible dans la recherche de la bibliothèque du tsar Ivan IV le Terrible. Bien sûr, tout le monde ne pouvait pas, comme à l'époque tsariste, et par la suite, obtenir la permission de fouiller au Kremlin à cette fin. Mais le prince Scherbatov, directeur du Musée historique impérial de Moscou, réussit à organiser de tels travaux en 1894. Ils ont permis d'obtenir des données intéressantes à la fois sur le Kremlin lui-même et sur ses monuments architecturaux, bien que malheureusement la collection de livres mystérieuse n'ait pas été trouvée.

Il explore en 1894 l'espace souterrain au sous-sol de la cathédrale de l'Annonciation, préservée de la fin du XIVe siècle. Le prince trouva un grand lot de plats orientaux siècles XIII-XV. Dans l'étage inférieur de la cathédrale de l'Annonciation, située sur la 1a cour au-dessous de la place, fut ouvert le plancher au milieu de la cathédrale, et sous ce plancher un vide couvert terre meuble, qui une fois grattée donnait sur sol en pierre, est apparue alors beaucoup de vaisselle cassée en d'argile de couleur, recouverte d'émail, vaisselle, apparemment, d'origine orientale, avec sur revers des traces d'"écriture orientale. Deux bols et une grande cruche en terre cuite décorée de peintures de fleurs, de bourgeons et de feuilles sur une tige. Un groupe de cinq articles, deux bols, un grand plat et deux autres récipients, tous ornés par la technique du gaufrage, de la porcelaine chinoise recouverte d'une belle glaçure couleur pistache. De tels fragments de ces poteries, furent trouvés dans la couche résidentielle du Kremlin dans la seconde moitié du 13ème au milieu du 14ème siècle.

Le prince Scherbatov, directeur du Musée historique, ouvre un accès dans la cathédrale de l'Annonciation, chercha sous les donjons et sous la tour à facettes, fouilla sous les tours Tainitsky et Borovitsky, y trouve de vieilles caves et des cuisines, avec des ustensiles ménagers. Dans la tour Nabatnoy, il accède à une entrée dans la galerie fortifiée, qui allait à la tour Constantin-Elenin construite en 1490 par l'architecte italien, Pietro Antonio Solari. Dans la tour Constantin-Elenin, Scherbatov trouve une galerie voutée, d'une longueur de 62 mètres. À la fin de la galerie, derrière la brique, il aboutit à une cache avec des boulets de canon. Plus tard, Scherbatov, démantèle le sol sous la tour Nabatnaya, qui contrôlait les quais et le côté de Kitaï Gorod, il entre par un accès menant à la cache contenant des boulets de canon, qu'il avait vue dans la tour précédente. Explorant la tour de l'arsenal, Scherbatov, comme Conan Ossipov, il fut stoppé et ne pénétra pas plus loin, d'imposants rocs obstruaient tout. Alors le prince décida de percer une galerie souterraine du côté du jardin d'Alexandre, elle donna sur une coursive enterrée sous la tour de la Trinité, et une petite pièce avec des arcs de pierre, sur le plancher de laquelle trainait une écoutille aboutissant à une chambre haute, reliée par un couloir à une pièce de plus. De la deuxième chambre, partait le commencement d'un tunnel bas, qui ressortait de derrière un mur. Sous la tour Borovitskaya, Scherbakov trouve une chapelle, un donjon menant par une coursive basse dans une zone de logements.

En 1894, N.S. Shcherbatov découvre sous la Tour de l'Horloge un étage inférieur avec son entrée fortifiée donnant sur une galerie souterraine. En l'ouvrant il s'aventure plus loin le long du tunnel sous les murs du Kremlin, l'archéologue atteint une impasse, buttant sur les fondations d'une ancienne tour aujourd'hui inexistante, rejointe des deux tours voisines, par une galerie de liaison secrète. En examinant la tour Konstantin-Eleninskaya, située à côté de Nabatnaya, le prince découvrit une entrée secrète d'une seconde galerie souterraine en dessous de la première. Après avoir examiné la tour aux caves tortueuses, Shcherbatov passe l'entrée secrète vers la galerie souterraine, avec des chambres de torture, confirmant les terribles légendes et mythes des horribles Tsars médiévaux. La tour découverte est attenante aux caves de Constantin et à la tour Yelena, abritant la prison avec des chambres de torture sans fenêtres. Selon la légende, quelque part derrière la maçonnerie, les victimes d'Ivan le Terrible furent emmurées vivantes ou pas. Certaines personnes, appelaient ce lieu simplement la tour Pytoshnoy.

Mention de ceci est dans le livre M.I. Pylyaeva « Le Vieux Moscou » : « Dans la tour Constantin et Yelena, le long du mur du Kremlin de Moscou, on pouvait accéder par un couloir intérieur avec petites fenêtres étroites, pour donner une maigre nourriture à des prisonniers enchaînés à un mur sur lequel il y avait des panneaux de fer avec des anneaux ».

Tour endommagée lors des combats de 1917

Le prince archéologue s'enhardit à examiner le premier étage de la tour des tours, et accède à une entrée vers une galerie fortifiée qui longe le mur du Kremlin. Le chercheur entre dans un autre tunnel secret parvenant sur des caches et chambres, ce tunnel secret, circule sous les portes de la tour Borovitsky, et les chambres souterraines qu'il dessert, sont voûtées à 6 mètres de haut, ce qui est plus grand que le métro. Certains murs ont des sortes de doubles parois avec des galeries parallèles, les parois de l'enceinte du Kremlin sont épaisses de 3,50 m à presque 7 mètres d'épaisseur, descendant parfois vers des pièces enterrées, des conduits souterrains offrant des possibilités d'allées et venues multiples, d'aucuns parlent de labyrinthe, le mot convient parfaitement. Certaines cachettes avaient des murs et un plafond faits rondins de bois massif, les murs d'autres étaient revêtus de pierre blanche calcaire, ou montés avec des briques rouges. Avec les siècles, les accès à certaines caves, escaliers dérobés derrière les parois, ou chambres mystérieuses aux doubles murs se prolongeant dans les tours, se remplirent de limon et gravats. Scherbatov fit prendre des photos des découvertes dans, et sous les tours du Kremlin, accompagnées de leurs descriptions, mais les dossiers ont disparu sans laisser de traces dans les années 1920. Selon les rumeurs, la Tcheka, l'ancêtre du KGB, réquisitionna ces documents, et on ne les a plus jamais revus. Le prince N.S. Scherbatov fit une dernière tentative en 1913, mais il dut renoncer par l'entrée de la Russie dans la Première Guerre mondiale. Ses travaux avaient duré de 1894 à 1914, soit 20 années.

Réparations de la tour Spasskaïa devant la tour Tsarskaïa

Le Vendredi saint, du 11 avril 1908, l'eau de la Moskova augmente de 9,35 mètres par jour. Près de 100 kilomètres de rues et de voies sont immergées sous l'eau. Sur les 1,5 millions d'habitants de Moscou, près de 200 000 personnes sont touchées par l'inondation, soit un habitant sur sept, il y avait aussi des défunts, surtout des personnes du peuple, des classes inférieures, mais leur nombre exact n'a jamais été calculé. Une collecte de dons fut organisée pour restaurer la ville et compenser les dégâts, en peu de temps elle porte sur environ un million, mais pour la totalité du travail de restauration, l'Etat dépense 20 millions de roubles de l'époque. Dans la ville, près de 25 000 bâtiments sont endommagés. L'eau à inondé les sous-sols du kremlin en remontant par les galeries et les puits. L'eau a rempli l'une des plus grandes centrales urbaines, ce qui a laissé la moitié des quartiers riches de la ville sans lumière. Les archives provinciales de Moscou, situées au bas d'une des tours de la forteresse, ont beaucoup souffert, l'eau détruit environ 80 000 caisses d'archives entreposées dans ces locaux. Selon certaines sources les archives stockées sous le Kremlin furent aussi noyées par des flots d'eaux boueuses nauséabondes. En 1909 on dégage le trésor rue Ilinka (Улица Ильинка), le premier après la grande inondation de Moscou en 1908. Il se constituait de 16 ustensiles en argent, 335 pièces de monnaie de l'Europe de l'Ouest et des Thalers de la seconde moitié du XVIe - début du XVIIe siècle, ainsi que 95 429 pièces russes en argent. Puis sur Ovchinnikovsky Pereulok, Metro Novokuznetskaya, un trésor de 9700 pièces d'argent de l'époque de Mikhail Fedorovich, le premier de la dynastie Romanov.

Le Kremlin envahi par les eaux de la Moskova 1908

nnondations à Moscou en 1908

1912
Le Journal officiel du 24 Février, 1912 rapporté que les anciens tunnels à Moscou forment un réseau complexe qui nécessite un peu plus de recherches, le passage souterrain sous la tour Borovitskaïa édifiée en 1490, conserve deux niches, c'est une des entrées officielles dans le kremlin.

Des tunnels au centre du Kremlin courent vers la rue Ilyinka. Les passages souterrains sont identiques sous les tours Taynitskaya, Arsenalnaya et Sukhareva, au point où les archéologues appellent le Kremlin : « La forteresse délicate avec un double fond ». Avec Ivan le Terrible, s'est formé tout un réseau de tunnels souterrains reliant les principaux points de la ville hors de l'enceinte de la forteresse royale. Grâce à eux, les habitants des palais du Kremlin pouvaient se rendre n'importe où dans la ville et au-delà. C'est par-dessus de ces tunnels que furent installées les tours dont les murailles descendirent bas vers 12 à 15 mètres, comportant un couloir et une seconde paroi par où circulait la garde afin de prévenir toute tentative d'intrusion par en dessous. Selon la légende, sous chacune des tours du Kremlin, il y a une cachette, de plus, les historiens affirment que toutes les tours du Kremlin sont reliées entre elles par les murs depuis les temps anciens. Tout en se référant au plan Godunov de Moscou, on sait que des failles furent visibles à travers les murs, laissant entrevoir ce vide entre les deux parois. Le Kremlin a deux rangées de murs, dont on ne voit que la partie visible aujourd'hui, l'autre est souterrain. Les archéologues découvrent récemment que les murs du Kremlin sont relativement bas, atteignant 13 mètres et demi plus profonds dans la partie souterraine, que les murs à la surface eux-mêmes, descendant sous la rivière Neglinnaya. Mais les autres bâtiments aussi ont leur lot de mystères. Ainsi, dans les murs et les dômes de la cathédrale de l'Assomption, un certain nombre de caches et de trésors furent insérés. Dans l'une d'elles, le trésor de l'église orthodoxe demeura préservé des pillards par de-là les siècles. La cave en pierre de l'ancienne église de la Résurrection de Lazare, abritait le trésor du Grand Prince Ivan III. Dans les cachots il y avait une pièce secrète où furent trouvés les trésors du tsar Alexeï Mikhaïlovitch. Les catacombes de Moscou commencèrent à se construire longtemps avant la première chronique historique de Moscou. Cependant, il est de coutume d'attribuer la création des grands labyrinthes de tunnels à l'époque des règnes des Tsars Ivan III et Ivan IV, qui selon la légende populaire, creusèrent toute la Russie de haut en bas. Sous le règne du tsar Alexeï Mikhaïlovitch, non loin de la tour Spassky dans le fossé, fut ouvert un passage secret menant à une chambre souterraine située non loin de la cathédrale Saint-Basile. Il se dit qu'un jour dans les sous-sols de la cathédrale sous la Place Rouge on rencontra des vagabonds qui y avaient pénétré depuis le pont Spassky à travers la galerie souterraine et qui vivaient là semble-t-il, quémandant parfois l'aumône à la surface auprès des touristes. Selon ces sans-abris, de nombreux clochards circulaient régulièrement sous la tour Spasskaïa au Kremlin, pour y venir dormir. Tous les archéologies et historiens Russes purent valider la véracité des légendes anciennes grâce à leur perspicacité.

Tour Spasskaya époque impériale

Москва Зимою   Соборъ Василія Блаженнаго.
Moscou en hiver   Cathédrale Vassili Blagenoi.

Cathédrale de Basile le Bienheureux

DÉCOUVERTES ARCHÉOLOGIQUES

LES TRÉSORS DU KREMLIN ET AU CENTRE DE MOSCOU

TROUVÉS AU XIX° SIÈCLE

Beaucoup de d'articles furent dénichés, et la description détaillée prendrait beaucoup de pages, mais, il est nécessaire de faire un premier point sur les faits marquants de ce dix-huitième siècle ;

1820

Sur Podgorskaya Nab (Подгорская наб), quai d'Ostrovskaya (Островская наб), en 1820, 42 pièces de cuivre des XVe et XVIIe siècles ont été trouvées dans l'estuaire de la Yauza (Яузы), au bord de la rivière Yauza vers le pont de la Grande Université, à environ un kilomètre du Kremlin vers l'Est.

1837 - 1838

Dans le remblai de Kropotkinskaya (Кропóткинская), aujourd'hui une station de la ligne Sokolnitcheskaïa du métro de Moscou, située sur le territoire de l'arrondissement Khamovniki, seulement à 900 mètres du Kremlin, juste après le Musée des Beaux-Arts Pouchkine, anciennement Prechistenskaya (Пречистенская), on découvre en 1837-1838, un trésor de pièces en argent du IXe siècle.

1839

Ont été découverts rue Sebriany Pereulok (Серебряный пер), proche du vieux quartier de l'Arbat, en 1839, environ 1400 kopecks d'argent de la fin du XVIe et du début du XVIIIe siècle.

1840

Quai de l'Embarcadère de Sophia (Софийская набережная), suite à des travaux de terrassement sur les rives de la Moskova rive Sud de la Moskova face au Kremlin, en 1840, on trouve un trésor de kopecks en cuivre, d'époque Alexeï Mikhaïlovitch et un bol en cuivre du XVème siècle.

1844

Dans le Kremlin, en 1844, lors de la construction du Grand Palais, sur l'emplacement d'anciens pommiers, sont découverts des ornements en argent, du XI siècle, deux hryvnia, la devise monétaire de l'Ukraine, un collier, deux anneaux et une coupe de bronze.

1849

Dans le Kremlin, en 1849, dans le poêle du beffroi, d'Ivan le Grand, sont trouvés 19 kopecks d'argent de la fin du 17ème siècle.

1883

Lors du nettoyage de l'étang, qui porta jusqu'en 1703 le nom d'Etang de Pogan, en 1883, un trésor de pièces de la fin du XVe et du début du XVIIe siècle est extrait de la vase.

1884

Dans le Kremlin, est déniché un trésor constitué de documents et de lettres cachetées avec des sceaux en cire, du 14ème siècle en 1884.

1886

Place Arbat, en 1886, en un an et demi, mille pièces d'argent de la première moitié du 17ème siècle sont récoltées lors de fouilles.

1888

Rue Kirov, anciennement rue Myacitsnaya, (Ул. Кирова -Мясницкая ул.), en 1888, au début de la rue, on découvre 915 pièces de monnaie en cuivre du XVe siècle.

1894

Sur la rue Kirovsky Proezd (Кировский проезд), anciennement Myasnitsky Proezd (Мясницкий проезд), en 1894, sont découvertes, 322 pièces d'argent, du temps d'Ivan IV.

1895

Sur la voie Ipatievsky Pereulok (Ипатьевский пер), en 1895, au cours de travaux de terrassement, les fouilles aboutissent à un trésor avec des pièces d'argent d'Ivan IV, frappées jusqu'en 1547.

1897

Rue Razin (Разина), anciennement Varvarka (Варварка), en 1897, on trouve environ 700 pièces de monnaie d'argent, des coupes et des cuillères en argent datant des Tzars Mixaïl Fedorovitch et Alekzeï Mixaïlovitch (Михаила Федоровича и Алексея Михайловича).

1899

Sur la voie Ovchinnikovsky Pereulok (Овчинниковский пер), à la fin du
XIXe siècle, lors de la pose de tuyaux, un trésor est exhumé, constitué de 120 pièces
d'argent, de l'époque de Michel Ier Fiodorovitch Romanov, né le 12 juillet 1596 et
mort le 13 juillet 1645, tsar de Russie élu par le Zemski Sobor, et fondateur de la
dynastie des Romanov et d'Alexis Ier Mikhaïlovitch, dit le Tsar très paisible. Fils de
Michel Romanov et d'Eudoxie Lukianovna Strechnieff, tsar de Russie de 1645 à
1676.

1901

Rue Volkhonka (Волхонка) anciennement rue M. Chertolskaya, Prechistenka
(Чертольская ул, Пречистенка depuis 1658), en 1901, lors de travaux de
terrassement, plus de deux mille pièces de monnaie époque du Tzar Mikhail
Fedorovich, de 1645 à 1676 sont extraites du sol.

1909

Rue. Kuibyshev, anciennement Ilinka (Ул. Куйбышева - Ильинка), en 1909,
lors de fouilles, sont apparues deux cruches avec des pièces d'argent, trouvées dans
des excavations de tranchées de voierie. La plupart d'entre-elles, datant de Mikhail
Fedorovich et Alexei Mikhailovich. Dans ce trésor, il y avait environ 22 000 pièces
de monnaie.

1909

Dans la voie Gontsary Pereulok (Гончарный пер), en 1909, sont exhumées
247 pièces d'argent du XVIIe siècle.

Statue de Kouzma Minine et Dmitri Pojarski, qui fut déplacée en 1931 devant la
basilique au Sud de la place.

Москва.   Moscou.
Общий видъ города съ Кремля.   Vue de la ville prise du Kremlin.

Москва. Видъ Кремля отъ Храма Христа Спасителя.

LES RECHERCHES AU XX° SIECLE

L'ARSENAL ET SA TOUR

En 1912 un nom vient se joindre à la légende du Libéria ; Ignace Stelletsky (1878-1949), fils d'un noble, diplômé du Séminaire théologique de Kharkov et de l'Académie théologique de Kiev, où il a soutenu sa thèse, a longtemps travaillé au Moyen-Orient, menant des fouilles à Jéricho, pour lesquelles il a été diplômé de l'Institut archéologique de Moscou. Stelletsky devient membre des sociétés militaires historiques et archéologiques russes. Il réalise des fouillés en Ukraine, Crimée, puis est employé dans les archives du ministère de la Justice de Moscou. Ignace Stelletsky écrit : « J'ai trouvé les clés de la célèbre bibliothèque romantique légendaire d'Ivan le Terrible, dans les archives, et je décidai de la retrouver à tout prix ». Trouva-t-il un plan ? C'est fort probable. En 1912, l'archéologue historien Ignace Stelletsky est en Palestine, quand il entend parler de la bibliothèque du Liberia, cela l'incite à quitter Jérusalem pour Moscou, rapidement, il entreprend des fouilles officieuses. Son activité est tolérée par l'Oxrana, la police secrète du Tsar. Il étudie les travaux des précédents explorateurs, dont quelques notes de Scherbatov et comprend selon lui, que tous les tunnels et leurs dédales de labyrinthes obscurs et froids, convergent ou démarrent depuis la tour d'angle de l'Arsenal, puis s'étendent sous le kremlin. Ses activités archéologiques personnelles vont se chevaucher avec celles de Scherbatov sans doute sur plusieurs années de 1912 à 1914 car ensuite, de 1914 à 1917, on ne sait rien.

L'arsenal du Kremlin (Арсенал Московского Кремля) est une ancienne armurerie, par ailleurs un des premiers musées historiques d'Etat dès 1840, elle abrite aussi les structures de résidence du régiment de la garde du Kremlin, chargé de la sécurité des lieux et du chef de l'Etat. A son extrémité Nord-Est, se situe la tour d'angle, Ouglovaïa Arsenalnaïa (Угловая Арсенальая башня), construite en 1492, par l'architecte italien Pietro Antonio Solari. Elle termine la ligne de défense du Kremlin du côté Nord de la Place Rouge. Portant initialement le nom de Tour Sobakine du nom d'un boyard dont la maison était adjacente, puis avec le temps, la Tour du Nord (Северная башня), acquiert son nom actuel après la construction de l'arsenal. Elle possède encore de nos jours un puits secret, par lequel on pompe l'eau de la rivière souterraine de Moscou, la Neglinnaïa, dont le lit circule imperturbable, juste devant la tour sus les remparts. La construction initiale de l'Arsenal date de 1736, mais en 1707, du fait d'une menace d'invasion par les Suédois, des meurtrières furent aménagées dans les murs de la tour de l'Arsenal, puis élargies pour s'adapter au fût de canons de fort calibre. Elle sera reconstruite à plusieurs reprises. Certaines structures en bois ont notamment été détruites lors de l'incendie de 1737 qui ravage la capitale russe. Reconstruite à partir de 1786 à 1796, elle est de nouveau détruite en 1812 par Napoléon avant d'entamer la retraite de Russie, sa restauration finale a duré de 1814 à 1828.

En 1812, la tour fut endommagée par l'explosion de charges disposées par l'armée française. Elle fut ensuite restaurée de 1814 à 1816 puis de 1817 à 1819, par l'architecte Joseph Ivanovitch Bové, (Óсип Ивáнович Бовé), né à Saint-Pétersbourg en 1784 et mort dans la même ville en 1834, connu également sous un nom francisé de Joseph Jean-Baptiste Charles de Beauvais. Elle mesure aujourd'hui plus de soixante mètres de haut. Bové crée une Commission de reconstruction de Moscou, spécialement fondée en 1817 pour soigner les dégâts occasionnés par les troupes napoléoniennes, et le grand incendie de Moscou. Il conçoit les plans du Théâtre Bolchoï, bâti en 1825, la reconstruction du Kremlin, le Manège, du Théâtre Maly et l'aménagement des Jardins Alexandre. Sous la Tour Ouglovaïa Arsenalnaïa, Ignace Stelletsky, descend dans un escalier sous le passage Scherbatov, à l'intérieur de la tour. Au pied de cet escalier, il tombe sur une grille qui obstrue un tunnel, elle possède une porte rouillée en très mauvais état, il la force, arrivant à la faire dégonder, puis entre dans des tunnels obscurs. Stelletskiy sonde les murs avec un marteau, puis intrigué par un tas de gravats, ne provenant pas des parois et visiblement, amenés ici volontairement, il creuse, libérant une voute en pierre avec une ouverture cachée pas le monticule de terre. Il s'agit d'un second niveau de soubassement, le grand labyrinthe secret de l'époque d'Ivan III, avec des parois et une voute en pierres blanches. Il ne sait pas si c'est Scherbatov ou la police du Kremlin qui voulut occulter cet accès aux galeries datant de la première construction en pierre du Kremlin, sous l'initiative de la Tsarine Sophie. À un moment donné, le puits de la tour Taynitskaya au sud du Kremlin, sur le rempart devant la Place des Cathédrales, qui s'était exceptionnellement trouvée au moins une fois à sec, facilita la réouverture des galeries, reprenant les anciennes fouilles du parcours d'Ossipov, sous l'angle de l'Arsenal, conduisant à de nouvelles découvertes. Sous le mur d'enceinte, fut trouvée une arche de déchargement, donnant accès ouvert sur le jardin d'Alexandre. Stelletskiy avait butté contre un bloc de pierre. Il pensa que plus loin, le passage serait libre, mais, à ce moment-là, on interdit au scientifique de creuser depuis la surface pour accéder au sous-sol, empêchant ses investigations sur cette longueur de tunnel. Il lui a été ordonné de dégager de la tour de l'Arsenal. On lui doit malgré tout, la découverte d'une citerne en pierre du XVe siècle pour stocker l'eau dans le sous-sol de la tour de l'Arsenal, et quelques galeries. Il s'avéra que la source, qui noyait de temps en temps, les parties basses de la tour, provenait d'un puits de pierre de cinq mètres de diamètre et de sept mètres de profondeur. Il fut asséché et nettoyé en 1975, les archéologues y ont trouvé deux casques militaires, plus des étriers de la fin du XVe siècle. Au fond du puits, un évacuateur de crues a été construit fin des années 70, pour protéger la tour, ensuite, les problèmes d'inondations ont définitivement cessé.

Stelletsky fait part de cette découverte majeure à Sergey Belokurov, membre de l'Académie Russe, afin d'obtenir un permis de fouilles officiel en bonne et due forme. Mais Belokurov avait rédigé dans un de ses mémoires, une affirmation historique qu'il tenait pour acquise, le Libéria n'existait pas. Selon lui ce n'était qu'une légende, un mythe, et tous les académiciens buvaient ses paroles, autant dire que jamais il n'offrirait à qui que ce soit la moindre opportunité de venir le contredire. Débouté, Stelletsky se rend à 700 km de là, dans la bibliothèque Estonienne où, au 16emme siècle, un universitaire du nom de Yoannes Determan, ayant été invité par Ivan le Terrible, pour traduire des ouvrages en grec et en Latin, avait laissé une liste d'ouvrages qu'il avait consultés. Determann avait vu de ses propres yeux la bibliothèque d'Ivan le Terrible, commencé quelques traductions pour lui, rédigé une liste de plus d'une centaine d'ouvrages rarissimes, mais il avait fui Moscou, convaincu qu'Ivan le ferait exécuter de toutes-façons, afin de conserver secret ce trésor littéraire. Stelletsky fouille une bibliothèque en grand désordre, descend dans les réserves, ce n'est qu'au bout d'un travail titanesque qu'il déniche enfin, la fameuse liste, pliée dans un ouvrage, il la recopie, laisse l'original et revient à Moscou. Belokurov n'a rien à faire de ce bout de papier recopié, qui ne prouve rien, une fois de plus, les fouilles sont refusées par les autorités de l'Académie. Peu de temps après Stelletsky est incorporé sur le front pour participer à la première guerre mondiale, et l'affaire en reste là.

Entrée d'un tunnel

Кремль. Kremlin. Москва.

Москва.
Кремль.

LA PLACE ROUGE

La place Rouge (Красная площадь, Krasnaïa Plochad), devant le Kremlin, grande de 52 000 m², aujourd'hui interdite aux voitures, était dans les années 1800, une esplanade de terre entourée d'échoppes marchandes. Lorsque la place Rouge fut réaménagée, après la révolution, les restes d'un fossé unique ont été découverts avec une sorte d'île artificielle entourée de douves pour l'eau. De 1508 à 1516, on creusa des douves larges de 30 mètres et profondes de 12 ; elles furent remplies d'eau en utilisant la rivière Neglinnaïa. Les redoutes, aux frontons ornés d'icônes pieuses géantes furent plâtrés et repeints. Un peu plus tard, sous cette place, lors de la pose d'un collecteur pour eaux usées, un squelette humain est trouvé dans une armure complète, avec son casque. Le guerrier tomba pendant la bataille dans le fossé, y demeurant enseveli pour l'éternité, enfin pour 600 ans. Sous la place Rouge, un autre tunnel carré en béton, sert de nouveau drain, c'est un immense tube de béton de 4 kilomètres de long, construit de 1974 à 1989, afin d'évacuer les eaux usées. Il y est parallèle à la rivière enterrée qui a toujours existé dans les entrailles Moscovites, circulant librement sous le Kremlin depuis des siècles, certes un peu moins maintenant que dans l'antiquité. Ces quêtes aux trésors du Kremlin étaient souvent infructueuses, mais aussi parfois surprenantes, quand des découvertes inespérées jaillissaient du passé, ainsi, non loin des cachots, il y avait eu une pièce secrète, contenant les trésors du tsar Alexeï Mikhaïlovitch, Tsar de Russie de 1645 à 1676, et il était fréquent de tomber sur ou dans des tronçons de corridors enterrés, par des d'affaissements du sol, ou d'excavations lors de constructions de bâtiments. On prenait l'habitude de cohabiter avec ces boyaux tunneliers qui avec le temps s'affaissaient parfois capricieusement.

Le Tramway sur la Place Rouge

1917

Durant l'été 1917, les étudiants de l'atelier 28 de la rue Bolshaya Dmitrovka, dans le secteur Nord-Est de la Place Pouchkine après la Station de métro Chexovskaya, tombèrent accidentellement sur une écoutille menant à des cachots. Descendant dans un puits sombre et profond, ils entrèrent dans un ancien passage souterrain. Après avoir marché sur 300 mètres, les étudiants arrivent vers de très lourds coffres en fer forgé de grande taille. Les étudiants ne peuvent les ouvrir, peu importe comment ils essayaient de les forcer, les coffres restèrent inviolables. Les années de la révolution calment les ardeurs des explorateurs. Vers 1925, les habitants d'un immeuble modeste voient arriver des membres du GPU, l'ancêtre du NKVD puis KGB, ils descendent au sous-sol, en dégagent le sol et dénichent les marches d'un escalier menant à une écoutille scellée par une maçonnerie en briques. Ils en restent là pour le moment, l'histoire ne dit pas s'ils sont revenus plus tard ou pas. Egalement en 1917, à la recherche de trésors royaux, les soldats bolchéviques pénétrèrent dans les caves du palais Poteshny, érigé en 1652 pour le Boyar Miloslavsky, en cassant les parois, ils découvrirent une pièce secrète vide, puis un passage souterrain. Après la mort du propriétaire Miloslavsky, le bâtiment devint un théâtre pour les représentations comiques qui donnèrent au palais son nom actuel, il loge désormais les bureaux du commandement militaire du Kremlin.

1917 – 1927

La bibliothèque et les archives inestimables des Youssupov dont les archives, de presque toutes les familles nobles de la Russie sont incendiées réduites en poussière de cendres par la Terreur Rouge. En 1917, Félix Youssupov, fuyant l'insurrection révolutionnaire, transporte les biens de sa famille de Saint-Pétersbourg à Moscou pour les cacher dans son palais familial à Bolchoï Kharitonievsky Pereulok, un serviteur dévoué à sa famille Gregory Buzhinsky, l'aide à les cacher. Quand les bolcheviks investissent et pillent le palais, ils lui ordonnent de montrer où sont cachés les trésors princiers. En employé fidèle, il meurt sous la torture, sans rien leur dire. Les deux palais patrimoniaux des Youssupov à Saint-Pétersbourg et Moscou, sont transformés en institutions administratives bureaucratiques de l'Etat soviétique. Huit ans plus tard à l'été 1925, les bolcheviks trouvent le trésor tout à fait par hasard. L'un des gardes du palais à Moscou, remarque qu'un plâtre mural dénote, légèrement différent du ton général. Il perce le mur, un vide s'ouvre. Le personnel du GPU (ancêtre du KGB) et quelques représentants du Commissariat du peuple, font abattre la cloison entière. Une porte en acier est découverte, s'ouvrant sur une cachette pleine d'ordures et vieux vêtements. Quelqu'un tire une balle de chiffons, elle tombe à terre dévoilant des malles remplies d'argenterie, et bijoux de la collection Youssupov, datant de 1793 à 1800. Les Tchékistes s'accaparent au nom de la révolution de sept coffres avec plats, seaux coupes du XVI siècle, pichets, salières, carafes en cristal, tasses, argenteries, vaisselle en argent, seaux d'argent des XVI-XIX siècles, une grande figure de cheval en argent, trois énormes cygnes du 17ème siècle. Dans ce fatras, trois boîtes en bois, tapissées de fer et doublées cuir avec les armoiries de la famille

Youssupov, contenaient diamants, émeraudes, saphirs, rubis, en partie sertis d'or et d'argent, tabatières ornées de diamants. Une de boites renfermait, 255 broches en diamant, 18 diadèmes, 42 bracelets et environ 2 kg d'objets en or, tous des œuvres d'art uniques. Parmi les 200 bijoux, colliers de perles et diamants, chaînes de saphirs, boucles d'oreilles de rubis et de diamants, broches jadis portés au jour du mariage Grande-Duchesse Irina Alexandrovna Romanov par la famille de Félix Youssoupov. La valeur monétaire de l'ensemble est bien supérieure à son poids en métal précieux pur, ce sont des bijoux du patrimoine historique de la Russie. Le poids des objets en argent trouvés, était de 1120 kg, et pour l'or, de 13,5 kg, sans compter les armatures des bijoux. L'or et l'argent furent transférés à la Banque d'État, et l'argenterie inestimable aux musées de Moscou, principalement au manège militaire du Kremlin. En plus de tout ce qui précède, les caches renfermaient un violon du célèbre maître Antonio Stradivarius. Selon l'inventaire exhaustif de 1919, la galerie princière comptait plus de mille peintures de grands maîtres et d'artistes d'Europe occidentale, dont une collection de portraits de famille réalisés par les artistes Valentin Serov Monier, Lampi, et Gro. Les principales sculptures de la collection Youssupov étaient six marbres antiques dont la sculpture "Cupidon et Psyché » désormais exposée au musée de l'Ermitage à Saint Pétersbourg. Dans les cinq ans qui suivirent la Révolution, jusqu'en 1923 les bolcheviks avaient mis au jour la plupart des trésors cachés de la famille, notamment une collection de 128 violons, dont le fameux Stradivarius, dissimulé dans une colonne creuse. Selon de fausses rumeurs, sur son lit de mort, le valet de Youssoupov aurait révélé d'autres détails dont une pièce forte, dont l'entrée était cachée derrière une bibliothèque, mais il n'en fut rien une commission révolutionnaire spéciale détruisit l'intégralité des murs du palais pendant deux semaines, examinant chaque recoin du grenier au sous-sol dénichant 15 cachettes secrètes, des armoires et des chambres encastrées dans les murs, dont certaines conçues pendant la construction, au XVIIe siècle sous Ivan le Terrible. Il ne resta en 1922 qu'une armature extérieure sur un intérieur complètement saccagé. Mais à la totale déception des membres de la commission révolutionnaire, toutes les 15 caches trouvées dans les murs à Moscou s'avèrent vides, hormis celle derrière une bibliothèque et la grande pièce révélée en 1919. La maison Youssupov à Saint-Pétersbourg était l'un des centres de la vie musicale de la capitale. Un représentant de la famille Youssupov, le prince Nikolai Borisovich Youssupov, Junior, lui-même a joué du violon, composé des œuvres musicales publiées en Russie et à l'étranger. Il était membre honoraire des Conservatoires de Paris et de Rome. La collection de violons de Nikolai Borisovich Youssupov était exposée dans des vitrines spéciales, qui sont encore présentes de nos jours dans le Musée de la Musique. Pendant longtemps, on supposa que la collection était à l'étranger. Même après la transformation du Palais Youssupov sur la Moïka en 1919, toutes les caches de famille ne furent pas immédiatement trouvées ce n'est que seulement quelques années plus tard, que les instruments surgirent de l'une des caves secrètes d'Ivan le Terrible méticuleusement murée par les Yousssoupov, après quoi le violon Stradivari, et 20 violons de maîtres européens des XVIe et XIXe siècles, dont Amati, Guarneri et Stradivari, y compris des pianos à queue de la production allemande et française, accumulés par les Youssoupov, entrèrent dans la collection d'État des instruments de musique. Les Tchékistes pistaient depuis des années ces violons rarissimes, déjà en mai 1920, un employé de la Tchéka, un certain Prokofiev, à ne pas confondre avec le compositeur, eut pour mission de confisquer tous les violons de Stradivari conservés à Odessa au nom du peuple. Curieusement, le Stradivarius, ayant appartenu à Alexandre Premier qui après sa mort a fut placé au Musée de l'Hermitage fut volé, il réapparaitra en Allemagne, pour revenir en Russie dans les temps modernes, retrouvant sa place dans les musées.

1918

L'architecte I.E. Bondarenko étudie le Kremlin en 1918, et rapporte que la tour Beklemishev comporte un puits caché spécial donnant à des galeries souterraines. Lors de la reconstruction de la tour, les archéologues ont effectivement trouvé beaucoup sorties jadis utilisés pour surveiller en secret l'ennemi hors des murailles. La tour elle-même était utilisée comme lieu de torture et d'emprisonnement, mais ce n'était pas un fait nouveau, juste de nouveaux cachots.

1918- 1919

Durant l'hiver 1918, Karl Fabergé fuit les bolcheviks et passe la frontière lettone, le créateur bijoutier finira par mourir dans la plus complète pauvreté, exilé en Suisse, deux ans plus tard en septembre 1920. Dès le début de la Révolution quand les raids et les pillages commencent, les clients réguliers, connaissant l'honnêteté sans faille de Fabergé, lui apportèrent leurs bijoux pour qu'il les leur garde à l'abri de ses coffres. Il est de notoriété publique, que même les membres de la famille royale déposèrent certains bijoux personnels à garder à Saint Pétersbourg. Fabergé possédant l'un des meilleurs coffres-forts de Russie, avec une salle blindée, où l'on accédait par un ascenseur également blindé. Pour cette raison, dans la maison Fabergé de Saint Pétersbourg, ainsi que dans sa bijouterie sur Bolshaya Morskaya n°24, où se trouvaient le magasin, les ateliers et les appartements de Karl et Eugenia, s'accumulèrent des valeurs pour plus de de 7,5 millions de roubles de l'époque. Après que le Conseil des Commissaires du Peuple adopte un décret sur la protection et sauvegarde des biens étrangers, Karl Fabergé loge dans sa maison à titre gracieux, à la mission diplomatique Suisse en échange qu'ils lui gardent des valises et un sac contenant des bijoux et documents. Fin octobre 1918, il apprend que les bolcheviques préparent un raid dans leurs locaux. Des valises et un sac sont expédiés à l'ambassade de Norvège, où ils sont volés peu de temps après.

L'ensemble des archives et inestimables trésors de la société, disparaissent sans laisser de trace. Selon l'arrière-petite-fille de Karl, Tatiana Fedorovna Fabergé, la valeur des biens uniquement dans le sac s'élevait à 1 603 614 roubles d'or. La description des articles volés remplit 20 pages. Jusqu'à présent, aucunes données précises concernant la disparition de ces bijoux n'ont transpiré. Les rumeurs et les légendes les plus folles courent encore sur les trésors inestimables de la collection Fabergé, dont les biens sont saisis avec l'arrivée au pouvoir des bolcheviks. Sont nationalisées les bijouteries, usines, tous les avoirs bancaires de la célèbre compagnie Fabergé en Russie. Quittant pour toujours la Russie, Karl laisse deux fils en Russie, Eugène et Alexandre, ils doivent sauver le plus de biens possibles, remplissant des boîtes de thé et de chocolat avec des bijoux uniques. Les fils, les confient à leurs amis les plus fidèles, aboutissant dans d'autres cachettes chez parents et amis. Le fils de Karl Fabergé Agathon, est arrêté, puis conduit de force par trois reprises devant un peloton d'exécution, mais chaque fois au dernier moment, il est laissé en vie, au final on soumet Agathon à la torture dans les geôles du GPU, il avoue que certains joyaux sont cachés à la datcha de Fabergé, dans un coffre-fort intégré dans le mur, l'autre partie des biens demeure dans l'ancien appartement de Karl Fabergé, sur la rue Bolshaya Morskaya à Saint-Pétersbourg. Selon les historiens en ces lieux n'était qu'une infime partie des réserves du célèbre bijoutier.

Les révolutionnaires forcent les caves blindées de la grande boutique Fabergé sur Kuznetsky Most, n°4, le siège principal de la firme à Moscou depuis les années 1890, puis saisissent la propriété et le magasin en mai 1919. Selon l'inventaire réalisé, deux coffres-forts contenaient 240 kilogrammes d'argent et 2400 objets en or, de l'argenterie, chandeliers, boîtes, sculptures, bijoux, ainsi que les objets que les clients Fabergé avaient déposé pour réparation ou en dépôt. Les bolchéviques s'en prennent aussi à un immeuble sur Prechistenka au n°13, et au manoir sur Solyanka portant également un numéro 13, ensuite à la maison sur Bolshoy Kiselniy Pereulok n°6 à 500 mètres de la Loubyanka située une rue à gauche du Monastère Sretensky où les Tchekistes torturent et exécutent les prêtres par centaines. En 1923, lorsque la Tcheka commence à arrêter les employés de la maison Fabergé de Moscou, Marchetti, réussit in extrémis à partir pour l'Europe, mais Averkiev meurt dans les caves de la Loubyanka. En 1927, Yevgeny Karlovich dresse une liste de lieux où les biens furent cachées par les fils Fabergé demeurés en Russie, sur cette dernière figurent les codes secrets indiquaient les noms des gardiens, l'emplacement des valeurs, leur nom, description et leur quantité. Beaucoup de joyaux ont disparu en grande part confisques par les bolcheviks, très peu furent emmenées à l'étranger par les amis fuyant la Terreur Rouge, certains simplement volés. Les trésors de la famille seulement à Petrograd furent placés dans une trentaine de cachettes, début des années trente, seize caches de la liste furent rayées avec des annotations, volées, disparues, trouvées par la Tcheka, on ne sait rien des contenus des quatorze restantes.

En 1903, le prince, chef de la cour impériale, Sergueï Mikhaïlovitch Golitsyn, directeur de l'hôpital Golitsyn, achète une demeure qui sera détenue par ses héritiers jusqu'à la révolution d'octobre, ensuite ils en furent chassés. Trois ans plus tard, en 1920, dans cet ancien manoir princier, une pièce scellée est ouverte, dans celle-ci, attendent 13 livres d'or et environ 10 livres d'argenterie ainsi que diverses œuvres d'art du 17ème siècle. Une partie du précieux trésor, fut transférée au Gokhran, une partie a été confiée aux musées d'Etat et une autre partie a été vendue à l'étranger. L'Institution fédérale « Institution publique pour la création du Fonds national des métaux précieux et des pierres précieuses de la Fédération de Russie », Gokhran en Russe, relevait du Ministère des finances de la Fédération de Russie Soviétique, et se chargeait du dépeçage des bijoux, dessertissage, fonte des métaux, vente à l'étranger en échange de devises. C'était la plus grande institution prédatrice de l'État des soviets dans les premières années et les années postrévolutionnaires.

Palais du Petit Nicolas endommagé en 1917

P

Palais Nicolas en 1917

Porte d'Entrée du Kremlin endommagée en 1917

LA GRANDE QUETE

1924

Revenu vivant de la première guerre mondiale, puis miraculeusement survécu à la guerre civile, ce qui est en soi un exploit extraordinaire, pour cet archéologue, Ignace Stelletsky relance sa quête au trésor en 1924, il publie trois articles dans une gazette, déclarant que la découverte des trésors royaux enfouis, permettra de redonner ces richesses aux prolétaires du peuple. Les politiques le lisent, il s'exprime en des termes politiquement corrects, et Stelletsky reçoit rapidement un poste d'archéologue en titre, comme consultant scientifique, lors des excavations du métro de Moscou. Il a pour mission, d'évaluer les découvertes archéologiques. La chance lui sourit, car le tracé du Métro passera aussi sous le Kremlin. Tenace, il travaille à ce poste de 1924 à 1933, sans jamais abandonner l'idée de revenir sur les tunnels qu'il avait visités dix ans auparavant.

1927

En 1927 dans Bobrov Pereulok sous le plancher d'une ancienne demeure appartenant autrefois au marchand de Kalouga, Chistokletov, un sac de 180 pièces d'or est extrait. Le marchand cacha son trésor dans un vieux poêle ses biens, on retrouvera trois mille pièces de monnaie en argent et en cuivre. Mais d'autres pièces d'or de sa célèbre collection numismatique n'ont pas fait surface jusqu'à présent.

1929

En 1929, dans le cadre de la construction du Mausolée de Lénine, pendant le nettoyage des débris de la partie souterraine de la Tour du Sénat, les fondations d'un ancien donjon d'une profondeur de plus de 6 mètres est dégagé. Selon l'architecte A. V. Shchusev, qui surveilla ces travaux, la profondeur est de 6 mètres. Mais dans les faits, le fond du donjon n'a pas encore été trouvé car remblayé. Ceci permit de formuler l'hypothèse selon laquelle la Tour du Sénat est un des accès principaux au Kremlin souterrain.

Les passages secrets du monastère Simonov commencent à être visités par les bolcheviques lors des destructions des lieux de culte, en 1929, les révolutionnaires, ouvrent une entrée enterrée donnant sur une prison souterraine abandonnée du monastère. L'excavation met à jour un couloir, de chaque côté duquel se trouvaient des sacs de pierre et des emplacements pour tortures sur les murs, des chambres à hauteur humaine, hermétiquement fermées, avec seulement des trous pour la nourriture. En raison de l'inhumation de nobles et de riches, le monastère Saint-Georges ne manquait de rien. Ils léguaient des biens matériels au lieu, prodiguant longue prospérité au monastère et à ses dépendances. Mais la splendeur du monastère prit fin en 1812. Entrant dans le Saint Monastère, les pillards de l'Armée Napoléonienne cherchent des trésors, détruisent en partie les lieux, mais ne trouvent rien. Peu avant leur arrivée, les religieuses avaient évacué en grande hâte, seules quelques religieuses restantes, un prêtre avec sa famille se réfugient dans les murs du cloître, après avoir ôté toutes les valeurs monastiques et saintes reliques pour les enterrer dans le sol, sous la cathédrale Saint-Georges. Les Français commencent à torturer l'abbesse, puis le prêtre avec sa femme et le diacre, mais sans succès. Désespérés de ne pas trouver de riches reliques monastiques, les voleurs incendient le monastère, tous ses bâtiments sont brûlés, à l'exception de quelques cellules monastiques. L'higoumène supérieur de ce monastère orthodoxe, le terme équivaut à celui d'abbé ou d'abbesse dans l'Église latine fut torturé à mort, le prêtre et sa femme sont morts des tortures infligées, on se doute du sort réservé aux nonnes. Après la retraite des troupes de Napoléon, le monastère était tellement ravagé qu'il ne fut pas reconstruit sur ses cendres. Ce n'est que bien plus tard, soixante-quatorze ans après ce funeste avènement, que sur le territoire de l'ancien jardin du monastère à la fin du XIXe siècle, en décembre 1888, fut construite la première centrale électrique de Moscou, appelée Georgievskaya, la centrale électrique de St. Georges.

Au monastère Simonovsky, qui au XIVe siècle était placé chemin Bolvanovsky, un lieu de passage obligatoire à travers lequel les caravanes de marchands voyageaient vers le sud et Kolomna, fut découvert un trésor de pièces orientales du IX siècle. Le monastère avait vocation protectrice pour les maisons des pauvres, fondé par le Tsar Michael Feodorovich, sur le lieu de sépulture des sans abri, et vagabonds, morts subitement en 1635. Sur le territoire de ce monastère se trouvent le temple de la Résurrection et le temple de la Sainte Vierge, reconstruits au XIXème siècle, et un petit clocher. Dans la nécropole du monastère sont enterrés les représentants des marchands de Moscou et la noblesse des maisons royales et princières géorgiennes du XIXe siècle, ainsi que le clergé ayant exercé dans les lieux. Depuis 1998 dans le monastère Simonovsky sont exposées les reliques de la Bienheureuse Sainte Protectrice des femmes âgées de Moscou.

Après la révolution, les bolcheviks détenant les pleins pouvoirs, s'inquiètent de la sécurité de la citadelle, ils saisissent les photos et les plans de Scherbatov, remplissent le puits dans la tour Taynitskaya, murent les chambres basses sous la tour Troitskaya. Mais en 1929, lors d'un nettoyage des débris de la partie souterraine de la tour Borovitskaya, ils tombent de nouveau par hasard sur un cachot d'une profondeur de plus de 6 mètres juste en-dessous. Il fut décidé d'interdire aux visites tout le Kremlin, considéré comme une zone spéciale Les bolcheviks étaient très inquiets que l'on puisse se faufiler dans leur résidence. D'étranges entonnoirs apparurent sur le territoire du Kremlin, on y versa de l'eau, mais elle partait sans que l'on sache vers où elle allait, quand ils parvinrent à la Chambre du Jugement. Dans aucun guide soviétique, vous ne trouverez ne serait-ce qu'une brève mention de l'unique Chambre des juges, construite il y a plus de 600 ans. Cela est dû à la dissimulation du contenu de cette dernière pièce, elle était destinée à devenir l'ultime refuge de l'impératrice de Moscou.

Et pourtant, il n'était pas difficile de la cacher, car entièrement souterraine, adjacente à la Cathédrale de l'Archange-Saint-Michel. Son usage initial fut détourné pour les prélèvements des taxes de l'Etat. Les riches Moscovites qui ne payaient pas leurs impôts, étaient assis sur une chaise punitive en chêne, à laquelle était enchaîné le coupable, on lui suggérait de façon insistante, voire accompagnée de quelques tortures, qu'il était de son intérêt de s'acquitter de son dû. Voilà une des fonctions de la « Chambre du Jugement ».

1930

Dans les années 1930, un employé de la garde du Kremlin, Apalos Ivanov, trouve des passages souterrains allant de dessous la Place Rouge sous la Cathédrale du Christ Sauveur, à l'Ouest du Kremlin. À une profondeur de cinq mètres, sortant de la tour Spassky en direction du terrain d'exercices du régiment de la garde, il rencontre des murs de briques coiffés d'une arche en fer forgé. Aux murs, le long du passage souterrain, plusieurs squelettes sont enchainés, encore en armure selon la coutume locale. Une lourde porte de fer séparait des compartiments souterrains. Il n'a pas été autorisé à explorer plus loin, des officiers du NKVD, font boucher la voie qui allait au Sud, vers la rivière Moskova, avec de la maçonnerie en briques. Cette même année 1930, 138 kopecks remontent en plein jour dans un vase en argile extrait d'une tranchée près de la porte Spassky du Kremlin.

La zone de la forteresse, où se trouve aujourd'hui un immense palais, construit dans les années 1776-1786 par le célèbre architecte M. Kazakov, renfermait un trésor mit à jour par des ouvriers affairés à approfondir les constructeurs militaires d'une des caves du bâtiment datant des XVI – XVIII, 138 kopecks remontent en plein jour dans un vase en argile noir extrait lors du percement d'une tranchée. Au début du XVIIe siècle dans ce domaine le long des vieilles rues étaient les riches demeures des boyards et du clergé des églises près de la porte Spassky du Kremlin.

Un autre trésor de cinq roubles argent a été trouvé dans une poterie d'argile 10,5 cm de haut avec des monnaies ayant appartenu à la plupart des rois de Fédor, Boris Godounov au faux Dmitry I. La date de la dernière frappe donne 1605, ce qui nous suggère la date d'enfouissement probable. Le revers de la monnaie en d'argent, un kopeck est un cavalier avec une lance, et sur la face, l'inscription « Grand-duc Dimitri Ivanovitch roi de toute la Russie ».

L'histoire d'Ivanov commence sur le site des éboulements de la Cathédrale du Christ Sauveur, que Staline a fait exploser en 1931 avec d'autres lieux de culte. Staline et son prédécesseur Lénine, firent détruire 50 % des 846 églises du pays, les autres furent fermées au public et laissées à l'abandon. Sur les 160 000 ecclésiastiques que comptait la Russie avant la révolution bolchévique, seuls 4 000, étaient encore en vie quelques années après, ceux qui ne furent pas tout simplement exécutés, finirent dans les camps Goulags, le Monastère Solovki, servit même à devenir le premier camp, où prêtres et civils confondus vinrent mourir dans d'atroces souffrances. Dans le cadre de sa guerre contre la religion, Lénine fit constamment profaner les tombes des saints et des illustres familles royales.

Dans ce contexte, Ivanov travaille sur le site de la démolition de la Cathédrale du Christ Sauveur, puis, étudiant un document du 19ème siècle, il découvre des entrées secrètes sous la Cathédrale, une carte montrait des lignes pointillées, au lieu des lignes normalement utilisées pour signifier des portes ou des murs pleins. Ivanov relate dans une interview à l'âge de 78 ans : « J'ai demandé au directeur de mon département ce que cela signifiait, et il m'a dit que c'était simplement une erreur, mais il y avait encore un doute dans mon âme ».

Utilisant une barre de métal pour sonder les fondations sous la Cathédrale détruite, Ivanov entend un écho creux, c'est une cavité cachée. Le lendemain, il fait part de sa découverte à un ami, Boris N. Konoplov. Cette nuit-là, ils se sont rendus sur le site, y percent la pierre blanche de la plate-forme :

« Sous la pierre, nous avons vu une porte en métal, vieille et rouillée, et nous avons tiré fort pour l'ouvrir, elle a grincé puis cédé, et nous avons senti de l'air froid, puis nous avons vu des marches abruptes », se souvient-il.

« Mon estomac s'est retourné, même si nous cherchions un tunnel, je ne m'attendais pas vraiment à voir aussi, des chambres souterraines ».

Les deux hommes investissent ces lieux inconnus avec des lanternes, ils découvrent beaucoup de choses, mais à un moment, un choix s'impose à eux. Un passage se dirige vers la rivière de Moscou, l'autre vers le Kremlin, ils choisissent le chemin allant au Kremlin. Ivanov et son ami Konoplov, payèrent cher cette décision, détenus par les agents de l'OGPU, la police secrète qui leur mit la main dessus à leur arrivée dans l'enceinte du Kremlin, ils finirent leur aventure nocturne en prison, dans les cellules de la garde tchékiste. Le chef d'Ivanov, n'apprit l'existence des tunnels, que seulement après l'arrestation d'Ivanov. Il intervint pour empêcher l'inculpation du jeune homme, les agents de l'OGPU, libérèrent d'Ivanov, mais inculpèrent son chef d'avoir d'organisé l'attaque du Kremlin depuis le sous-sol. Il fut à son tour arrêté, jugé par une troïka de Tchékistes et exécuté. Ivanov fut expédié au goulag, selon la procédure habituelle.

Dans les jours qui suivirent, le reste de la cathédrale est dynamité, après une semaine, une colline de gravats immense défigure le paysage.

Son histoire fut racontée dans un article intitulé : « Les tunnels du Kremlin » le secret des enfers de Moscou, du 28 juin 1989, par Masha Hamilton, du très sérieux New York Times. Ivanov, devint aveugle, mais à 87 ans, en 1997, il continuait à téléphoner au maire de Moscou, Yuri Luzhkov, lui affirmant qu'il avait vu des coffres avec les livres du tsar dans l'une des branches des tunnels complexes, et donna toutes sortes de détails sur leur emplacement.

Au XIXe siècle, lors des fouilles du Kremlin, il se décèle un bol de pièces de monnaie antiques frappées sous l'empereur romain Tibère. Selon les scientifiques, ces pièces furent amenées à l'époque Sophia Paléologue. Les années 30 à 40 furent étonnamment riches en découvertes uniques au Kremlin.

Entre la tour Komendantskaïa et la tour Troïtskaïa, s'élève un jardin suspendu d'été aménagé dans les années 1660, à cette même date, Morozov fait placer dans la Cathédrale de l'Assomption du Kremlin (Cathédrale de la Dormition (Успенский Собор) édifiée entre 1475 et 1479, une œuvre russe en argent pesant pesant près de deux tonnes qui fut enlevée par les Français en 1812 et n'a pas survécu jusqu'à ce jour. C'était le haut lieu du couronnement des Tsars russes de 1547 à 1896, on parle de Morozov de nouveau, en 1931, lorsque des travailleurs œuvrant à la démolition du monastère Tchudov, trouvent emmurée dans une paroi, une boîte en bois contenant, des objets liturgiques en or. Selon les inscriptions gravées sur un calice l'ensemble daterait de 1664, dès 1932, le trésor liturgique est transféré au Musée de la Chambre de l'Armurerie, dans lequel il est exposé depuis. En mai 1664, Anna Morozova Ilinichna offre une riche contribution au monastère du Kremlin Tchudov après la mort de mari, Boris (Ilia) Ivanovitch, décédé le 1 Novembre 1661 et enterré dans le cimetière de ce monastère près du temple de l'Archange Michel, sur la parcelle familiale Morozov. Les historiens disent que Morozov avait des frères moines résidents au monastère Tchudov. La contribution de la veuve consistait en un ensemble de bols et calice d'église en or et d'autres attributs faits par l'ordre des Maîtres Joailliers du Manège au Kremlin. Feu son époux, Boris (Ilya) Ivanovitch Morozov fut l'oncle et l'éducateur du futur tsar Alexeï Mikhaïlovitch. Les objets étaient dans une caisse en bois, la composition de la contribution comprenait un dispositif liturgique complet avec entre autres, son calice doré, une coupe, une étoile, une cuillère. L'inscription gravée sous le calice et dit : « Contribution donnée par la femme noble Anna Ilichna pour son mari le noble Ilya Ivanovitch Morozov le 20 mai 1664 ». Entre 1917 et le début de 1920 l'ensemble fut dissimulé dans le mur de l'un des bâtiments monastiques pour échapper à la persécution des institutions religieuses et la nationalisation de la richesse de l'Église russe par les bolchéviques. Il est caractéristique que l'inventaire de mai 1920 ne mentionne aucun objet de culte d'or au sein du monastère, contrairement aux documents du XIXème siècle.

L'ensemble liturgique d'Anna Morozova est fait d'or et de pierres précieuses émeraudes, tourmalines, perles et émaux colorés. Les inscriptions et la décoration sont fixées selon la technique de l'estampage et de la sculpture. Seul un objet est en acier, sa longueur est de 24 cm, mais comporte une poignée ronde en or ornée de perles, d'émail et de pierres précieuses. Le calice à une hauteur de 24 cm, outre l'inscription sur la coupe et les poinçons, figurent la Vierge, le Christ, Jean et la Crucifixion du Christ. Ce calice fut utilisé pour la consécration du vin lors de la Sainte-Cène. La contribution d'Anna Morozova, est devenue un trésor précieux en raison des événements historiques auxquels elle est reliée, elle est la seule découverte au Kremlin qui soit clairement associée à une personne nommée.

Dynamitage de la Cathédrale du Christ Sauveur en 1931

1933

En creusant un tunnel sous le cimetière près de la Tour Kutafia, des sépultures mystérieuses furent dégagées, soupçonnant de nouvelles structures souterraines inconnues, on permit exceptionnellement à Stelletsky de s'engouffrer sous la colline du Kremlin. Le 1er décembre 1933, Stelletsky entame son premier jour de travail, il travaillera 11 mois de façon continue sous le Kremlin, l'historien n'est pratiquement pas sorti du sous-sol. Après l'assassinat de Kirov, le 1er décembre 1934 le souterrain excavé est détruit et les fouilles historiques ont immédiatement cessé. Cette nouvelle quête archéologique aura perduré un an seulement.

L'archéologue I. Y. Stelletsky se rabat sur un lot de consolation, il examine soigneusement le Palais Youssoupov en 1933, découvrant occultées sous les terrasses, les fameuses entrées retranchées du tunnel du relais de chasse d'Ivan le Terrible. Dans la cour, il révèle quatre trous mystérieux, puis une entrée accédant à la galerie souterraine du passage en briques allant sous la rue Myasnitskaïa, vers la maison du prince Pojarski. Pojarski vivait dans la Grande Loubyanka face à sa légendaire tour Menchikov, dans le quartier actuel Bassmany (Басма́нный), un arrondissement du centre de Moscou, situé au nord-est du district administratif central bordé à l'ouest par Kitai-Gorod, et au sud par la Yaouza.

La Cathédrale du Christ Sauveur en cours de démolition et le site après destruction

Москва.—Moscou. № 71.
Видъ на Кремль.—Vue du Kremlin.

REBONDISSEMENTS IMPREVUS

1933

Après l'automne 1933, dans la cour devant le bâtiment gouvernemental, la terre se dérobe sous les pieds d'un soldat des gardes de l'OGPU, il tombe englouti sous terre, dans un entonnoir de 6 mètres de profondeur. Cela se déroule durant des exercices dans la cour du Sénat, ce qui suscite la décision de creuser sous les fenêtres de Staline. Les bâtiments du Kremlin grinçaient aux jointures, des glissements de terrain apparaissaient inquiétants. Au premier étage de l'Arsenal, le sol se détache du mur et chute de près d'un mètre. La garde du kremlin était composée sous Staline, de 1500 membres de l'OGPU puis du NKVD. La date de naissance du régiment du Kremlin est le 8 avril 1936, c'est alors un bataillon spécial, cependant, son histoire a commencé beaucoup plus tôt. Après le transfert du gouvernement de Petrograd à Moscou en 1918, le service de protection du Kremlin fut octroyé à des lettons, puis la relève fut faite par l'incorporation des cadets du Kremlin de la 1ère école révolutionnaire de mitrailleuses de Moscou, aujourd'hui l'Ecole supérieure militaire de Moscou. En octobre 1935, les tâches de protection ont été transférées au bataillon spécial, réorganisé plus tard en Régiment à Destination Spéciale. Pendant de nombreuses années ce régiment appartint au KGB de 1954 à 1991.

Et c'est aussi en 1933, que le percement du métro fait s'effondrer la chaussée devant le Kremlin et la tour de l'Arsenal, sous laquelle on trouve des squelettes. La rue s'est affaissée, un passage secret est ouvert, mais les ouvriers et les membres du NKVD refoulent un Stelletsky enthousiaste, ils vont boucher les lieux pour permettre le rétablissement de la route qui mène à l'entrée principale du Kremlin. Dépité, Stelletsky relate une anecdote dans la presse, selon lui, Ivan le Terrible aimait les parties de chasse dans les bois entourant le Kremlin, au cours desquelles, il faisait faux bond à ses compagnons, disparaissant au milieu de nulle part, pour ressurgir spontanément quelques instants plus tard, au cœur du Kremlin. Stelletsky publie aussi les résultats de ses recherches, au sujet des tunnels, le Kremlin disposerait de caves et corridors accédant à l'extérieur, le chef suprême de l'URSS ne serait pas à l'abri d'une attaque par les souterrains. Rudolf Peterson, le chef de la garde du Kremlin du NKVD, lui téléphone, ses travaux dérangent mais intriguent tout autant. Le 13 novembre 1933 à 10h00, il reçoit l'autorisation officielle de fouiller sans limites tous les soubassements du Kremlin, soit vingt ans après le début de sa quête. Il doit cartographier, les caves, tunnels, couloirs sous le Kremlin et retrouver trésors et bibliothèque. Il repart s'enfoncer dans les corridors, froids, humides, de pierre blanche en repartant depuis la tour de l'Arsenal. La période est trouble, un an plus tard, Staline au comble de la paranoïa, lance la Grande Terreur de 1934 qui fait un million de morts après des simulacres de procès. Dans un rapport du 2 mars 1934, Stelletsky affirme que la bibliothèque est désormais très proche, il a trouvé des armes du 16° siècle dans les galeries souterraines et nombre de squelettes d'ennemis massacrés. Malencontreusement, ses ouvriers percent un mur qui fait voie d'eau, car donnant accès à la rivière souterraine, inexorablement, l'eau s'infiltre partout, les ouvriers évacuent en urgence car cette source d'eau emplit tout. Le commandant Peterson, met un terme aux fouilles. Pendant plusieurs mois Stelletsky vit reclus chez lui, son appartement se situe dans la vieille ville, de sa fenêtre il peut même voir le sommet de la tour de l'Arsenal. En 1935 un nouveau commandant du Kremlin le contacte par téléphone, il n'y aura plus de fouilles, l'ancien commandant Peterson est mort exécuté par le NKVD (le 10 juillet 1934, la police secrète OGPU était devenue le NKVD, vingt ans plus tard en 1954 elle deviendra le KGB), au cours des grandes purges Staliniennes. A cette date, Stelletsky disparait, on suppose qu'il fut exilé au Goulag pendant quelques temps, c'est sans doute ce qui lui sauva la vie et l'empêcha d'aller sur le front, lors de la grande guerre patriotique de 1941 à 1945. Puis, fin des années cinquante, après la mort de Staline, un journaliste lit les mémoires de Stelletsky parues en deux tomes. Ce dernier décrit ses années d'archéologie en Orient et ses recherches au Kremlin. Le journaliste se rend à son adresse, mais il n'y rencontre que sa veuve, Stelletsky était décédé après avoir traversé une période dépressive pendant laquelle, il fut déconnecté de la réalité de ce monde, totalement obsédé par la Libéria, parlant en arabe, relisant sans relâche tous les ouvrages qui parlaient de près ou de loin de la bibliothèque d'Ivan le Terrible, à laquelle il avait consacré toute sa vie, en tout, 30 ans de recherches. Le journaliste sut que dans les années 1944-1948, Stelletsky travailla à la rédaction de trois volumes sur l'Histoire de la bibliothèque d'Ivan le Terrible, les deux premiers tomes furent publiés, le troisième et dernier volume, titré : « Excavations », qui comportait un croquis du Kremlin souterrain, disparut entre les mains des envoyés du NKVD, ainsi que toutes les notes et croquis qu'il comportait, il ne réapparu plus jamais, échappant ainsi à la publication souhaitée du vivant de son auteur.

Dans les années 1930, un employé de la garde du Kremlin, Apalos Ivanov, trouve des passages souterrains allant de dessous la Place Rouge sous la Cathédrale du Christ Sauveur, à l'Ouest du Kremlin. À une profondeur de cinq mètres, sortant de la tour Spassky en direction du terrain d'exercices du régiment de la garde, il rencontre des murs de briques coiffés d'une arche en fer forgé. Aux murs, le long du passage souterrain, plusieurs squelettes sont enchainés, encore en armure selon la coutume locale. Une lourde porte de fer séparait des compartiments souterrains. Il n'a pas été autorisé à explorer plus loin, des officiers du NKVD, font boucher la voie qui allait au Sud, vers la rivière Moskova, avec de la maçonnerie en briques.

Le long des maisons situées près de la digue de Sophia, juste en face de la tour Taynitskaïa, d'anciens bâtiments sont en cours de démolition, en creusant une fosse pour les fondations, les ouvriers trouvent l'arche en briques d'une galerie souterraine. Elle est d'hauteur d'homme et part sous le lit de la rivière, ensuite la galerie se sépare devant un mur de briques, au bout il y a une cachette spéciale. Selon les ouvriers, un froid terrible régnait dans cette dernière il était difficile d'y respirer car les orifices de ventilation sous les voûtes de l'arche qui servaient à la ventilation étaient bouchés. En apprenant cette découverte, les agents du NKVD firent immédiatement sceller l'entrée de la cachette.

Divers travaux d'excavations se poursuivent, lors du dégagement d'une tranchée sous le passage de la Porte Spassky du Kremlin, un lot de 34 769 pièces d'argent, de 23 pièces d'argent (et de fragments d'argent) et de trois perles. Il a été trouvé lors de la pose d'une tranchée dans le passage de la Porte Spassky du Kremlin, sur le côté de la Place Rouge le 18 octobre 1939 à une profondeur de deux mètres. Les pièces de monnaie et les objets étaient placés dans deux récipients en cuivre et étaient partiellement cousus dans un tissu avec des pièces de monnaie. Il y avait 350 roubles en argent du tsar Mikhaïl Fedorovitch, qui a régné 1613-1645, des pièces de monnaie des Grands Princes Ivan III et Vasily III, fin du XV début du XVIe siècle, et les dernières pièces étaient du tsar Fiodor Alekseevich, qui dirigea le pays en 1676-1682. En plus des pièces de monnaie, l'argenterie est tombée dans le trésor. Parmi eux sont des boucles d'oreilles avec des pendentifs en almandin, saphir, perles et verre coloré. Une des boucles d'oreilles était décorée de corail. Il y a aussi des bagues en argent sans insert, deux bagues rondes, trois boutons, trois croix dont une dorée, des fragments d'argent et des perles individuelles. Le poids total du trésor était de plus de douze kilogrammes d'argent.

Sur le Kremlin aux 13e et 14e siècles, la cour de Khan se tenait dans la zone de la porte Spassky, mais certains historiens pensaient que la cour du khan au Kremlin était plus proche de la porte Nikolsky. Il y a une légende qui relie la disparition de cet ancien lieu de fastes du Khan à l'arrivée de la seconde épouse d'Ivan III, Sophie Paléologue. Suite à un rêve prophétique, elle fit vœu de construire une église au Kremlin sur le site de la cour de Khan à la porte Spassky. Non loin de là, en en 1939 un petit trésor de pièces de monnaie de la Horde d'or du XIVe siècle vient renforcer cette histoire. L'excavation dans la terre par des travailleurs-creuseurs sous la tour Spassky fait apparaitre une poterie en terre cuite renfermant 91 pièces d'argent sous la forme d'une masse en boule contenant un aggloméré de 91 pièces de monnaie. Toutes étaient en argent 875°. Il est intéressant de noter, que parmi les pièces de monnaie, des XIV° et XV° siècles, des pièces de monnaie de la Horde d'Or Mongole. Sur la face desquelles le symbole de la Horde d'or, certaines frappées pendant le règne de Janibek, le Khan de la Horde d'Or de 1344 à 1357, sur le recto, une inscription tatare faite en lettres arabes : « puisse le royaume du Sultan Janibek durer », au revers, le lieu et l'année de la frappe. Sans doute abandonné en août 1382, lorsque le Khan Tokhtamysh organisa une expédition punitive contre la Russie en représailles de la défaite de sa Horde d'Or durant la bataille du 8 septembre 1380 dans la plaine de Koulikovo dite le Champ-des-Bécasses. Après un siège de quatre jours, les guerriers du Khan réussirent à prendre Moscou, entrant dans la ville qu'ils dévalisent entièrement puis l'incendient, la plupart de ses habitants périssent lors de cette attaque. Dans ce petit aggloméré il y avait aussi des pièces de monnaie de Berdibek, qui est devenu un khan après le meurtre de son propre père, Janibek, en 1357. Le court règne de Berdibek n'a duré que deux ans. Il y avait aussi des pièces de monnaie de Khan Khizra (Hidyr) dans ce trésor.

Москва.—Moscou. № 101.
Видъ на Кремль.—Vue du Kremlin.

La Tour de l'eau vue du Sud-Ouest

Le pouvoir soviétique fit hisser une étoile rouge, symbole du communisme, à son sommet. Depuis la fin de l'URSS, les étoiles rouges des différentes tours n'ont pas été déposées. En 1935, les aigles à deux têtes, couronnées sur les tours du Kremlin, ont été hôtées, remplacés, par des étoiles de cuivre doré, revêtues de pierres précieuses importées de l'Oural. En 1937, les étoiles semi-précieuses, sont remplacées par des étoiles en verre couleur rubis pesant chacune entre entre 1 et 1,5 tonnes. Les cinq plus hautes tours autrefois ornées d'un aigle bicéphale furent : Vodozvodnaïa, Borovitskaïa, Troïtskaïa, Nikolskaïa et Spasskaïa. Pour la petite histoire, les murs du Kremlin ont changé de couleur à l'été 1941, repeints avec des graphismes en trompe l'œil pour le camouflage. Afin d'éviter la destruction des murs du Kremlin et des façades des bâtiments des artistes ont repeint dans des tons blanc et gris de fausses façades de maisons relativement réalistes. Pendant la guerre, le Kremlin et la Place Rouge ont reçu 18 bombes d'un poids de 50 à 500 kg, et une centaine de bombes incendiaires.

Première Etoile pour les Tours du Kremlin 1937

Dépose des aigles impéraiaux pour leur remplacement par l'étoile soviétique

1940

Le tournant des années 30 à40 du XX siècle était étonnamment riche en pièces de monnaie, le 3 septembre 1940 au matin, lors d'excavations à 100 m de la porte Spassky, à une profondeur d'environ 5 m, est hissé un ensemble important composé de pièces en argent et lingots du XIV siècle, sans doute la matière première pour la fabrication de bijoux ou pièces, à l'intérieur d'un pot de terre muni d'une anse, contenait quatre-vingt-huit pièces de monnaie. D'une hauteur est de 20,5 cm, il renfermait en plus des pièces de monnaie, huit lingots d'argent. Dès le 6 septembre, la trouvaille fut intégralement transférée aux fonds du musée de la Chambre de l'Armurerie dans son intégralité. Ce trésor de lingots et de pièces de monnaie a été trouvé dans un pichet d'argile avec une poignée et un bec décoré, aidant à préciser la datation du produit d'argile lui-même et des pièces, ce qui est d'une grande importance aussi, pour travailler avec d'autres découvertes de céramique de la couche médiévale de la ville de Moscou. Le lot remonte au XIV siècle, très intéressant parce qu'il comprend des lingots d'argent type Poltiny. Ce sont des barres tubulaires types Kiev Hryvnia, ou Tchernigov et Novgorod d'un poids d'environ 200 g au XIIIe siècle, le moulage de ces lingots a cessé au 15ème siècle, mais le terme Poltina, n'apparaît dans les sources écrites que seulement au XIVème siècle. Ces lingots Poltiny ont un poids de 94 à 97 g, soit la moitié du rouble ou hryvnia. Ces lingots d'argent servaient non seulement comme un moyen de monnaie, mais aussi la matière première pour la fabrication de bijoux. Selon des témoignages, le soldat de l'Armée rouge en faction à l'endroit de la tranchée remarqua que les ouvriers commencèrent à se partager les lingots trouvés, et donna l'alerte avant la consommation du vol.

Pour la petite histoire, un an plus tard, les murs du Kremlin changèrent de couleur l'été 1941, repeints avec des graphismes en trompe l'œil pour le camouflage. Afin d'éviter la destruction des murs du Kremlin et des façades des bâtiments plusieurs artistes repeignent dans des tons blanc et gris de fausses façades de maisons relativement réalistes. Pendant la guerre, le Kremlin et la Place Rouge reçoivent malgré tout 18 bombes d'un poids de 50 à 500 kg, et une centaine de bombes incendiaires.

Depuis, le décret de 1947, on interdisit toute visite non autorisée que ce soit des structures souterraines d'origine naturelle ou artificielle. En 1949, le sénat, adopta une loi sur le sous-sol, les entrailles du pays ont été déclarées propriété exclusive de l'État jusqu'à aujourd'hui, couvrant tous les plans, et trouvailles des siècles précédents d'une chappe de secret. On sait seulement qu'il y a des cavités sous la Bibliothèque Lénine et sous le théâtre du Bolchoï en raison de divers articles parus dans la Pravda lors des constructions du Métro. Durant la présidence Khrouchtchev, une commission est de nouveau chargée de rechercher la bibliothèque d'Ivan le Terrible, mais avec l'arrivée de Brejnev, le Kremlin se fermé aux scientifiques pour quelques années supplémentaires.

Dans les années d'après-guerre, la veuve de Stelletsky conserva les journaux intimes de son époux, aux précieuses informations inédites, non divulguées au public, mais l'engouement du public pour le Métro et les souterrains s'est dissipé, saturé par de pleines pages d'articles de 1935 à 1945. Les autorités de la capitale admettent à demi-mot, que les cartes souterraines de Moscou n'existent pas, les croquis de Stelletsky non plus, les papiers de l'historien n'intéressent plus personne. Aucun des passages sous les tours du Kremlin, n'a fait l'objet d'une réelle enquête officielle approfondie, dans les années soviétiques, la plupart d'entre eux, après inspection par les représentants des services spéciaux, ont été scellés au fur et à mesure, remplis de terre ou murés de briques. Les autorités Moscovites avouent quelque peu embarrassées que côté ouest du Kremlin, trois tours ont officiellement des tunnels sortant à l'extérieur, ainsi que des citernes d'eau, des cachots, des passages secrets entre elles et à l'intérieur des autres bâtiments du Kremlin, c'est de notoriété publique, puisque figurant sur les guides touristiques. Cela veut dire aussi que l'on peut circuler sous le Kremlin, et ceci est une faille dans la sécurité du gouvernement.

Il existe 19 tours sur les palissades du Kremlin, ainsi qu'une 20° à l'extérieur. Sous la Tour Borovitskaïa (Боровицкая башня), la première tour érigée, également nommée Troïtskaï, s'ouvre la principale porte d'entrée des officiels vers le Kremlin, un pont enjambe l'ancienne douve naturelle constituée par le lit de la rivière Neglinnaïa. De cette dernière, part un passage secret vers la cathédrale du Christ-Sauveur. La tour tient son nom de la Colline Borovitsky, l'une des sept collines de Moscou. Elle fut édifiée en 1490, sur ordre de Vassili III, à la place d'un ancien portail, par l'architecte italien Pietro Antonio Solari, que les Russes appelaient Piotr Friazine. Le tsar Alexis Ier, en 1658, lui donna le nom de Predtetchenskaïa, ou tour du précurseur (предтеча) d'après l'église Saint Jean-Baptiste, qui en était proche, mais qui fut détruite pour la construction du Palais des Armures. Cependant, ce nom ne fut guère utilisé. En 1812, elle est détruite par les troupes françaises qui quittent Moscou battant en retraite. Elle est ensuite reconstruite en 1817-1819 par l'architecte Joseph Beauvais. En 1935, Staline fait installer une étoile rouge à son sommet. Avec cette étoile géante, sa hauteur atteint 54,05 m. La tour Borovitskaïa communique avec la tour Vodovzvodnaïa, la Tour de l'Eau. La Tour Vodovzvodnaïa (Водовзводная башня), est une tour d'angle au sud-ouest du Kremlin ; elle domine la berge donnant sur la Moskova. Elle fut édifiée en 1488 par l'architecte italien Antonio Gilardi. Au début on la baptise Tour Sviblov (Свиблова башня), du patronyme d'une famille de boyards qui possédait sa maison, à l'intérieur de l'enceinte, proche de la tour. Elle fut ensuite renommée, en 1633, après qu'on y eut installé une machine à pomper l'eau. En 1805, elle fut détruite parce qu'elle menaçait de tomber, puis reconstruite dans la foulée. Minée par les français en 1812, il s'en suivit une montée des eaux dans les soubassements adjacents, elle fut reconstruite et restaurée en 1817-1819 par l'architecte Joseph Beauvais. Sa hauteur est de 61,85 mètres. Le pouvoir soviétique fit hisser une étoile rouge, symbole du communisme, à son sommet.

Tour du secret et tour de l'eau en 1855

Tour Taïnaskaya

Depuis la fin de l'URSS, les étoiles rouges des différentes tours n'ont pas été déposées. En 1935, les aigles à deux têtes, couronnées, culminant sur les tours du Kremlin, sont hôtées, remplacés deux ans plus tard en 1937, par des étoiles de cuivre doré, revêtues de pierres précieuses importées de l'Oural. Cette même année, les étoiles semi-précieuses, sont remplacées par des étoiles en verre couleur rubis pesant chacune entre 1 et 1,5 tonnes. Les cinq plus hautes tours autrefois ornées d'un aigle bicéphale furent : Vodozvodnaïa, Borovitskaïa, Troïtskaïa, Nikolskaïa et Spasskaïa. A la droite de la tour Vodovzvodnaïa, la tour du secret, la Tour Taïnitskaïa (Тайницкая башня), également appelée jadis Tour de l'Eau (Водяная башня), située sur le flanc sud du Kremlin, celui qui longe la Moskova, devant la route au bord de la rivière. Elle fut construite en 1485 par Antonio Gilardi à la place d'une poterne donnant accès à la forteresse de pierre blanche de Dmitri Donskoï. Pour cette raison, Moscou porta longtemps le nom de Pierre Blanche. Les premiers colons arrivèrent sur le territoire de l'actuel Kremlin, au IIe siècle avant notre ère, le prince Iouri Dolgorouki choisit de bâtir la première fortification en bois, Kremlin signifie forteresse, sur une colline au confluent de la Moskova et de la Néglinnaia. Les palissades furent assemblées avec des rondins de chênes massifs dès 1156. Les premières murailles de pierre ne sont érigées qu'en 1363, avec l'apparition des pierres calcaires blanches.

Les murailles reprirent le tracé linéaire, de l'ancienne forteresse en bois, avec des tes tours également en bois, avant d'être elles aussi montées en pierre, au cours des années 1485-1495. La première tour, Taïnitskaïa, fut construite en 1485 puis, la tour Beklemichevskaïa en 1487. Vers 1500, les murailles et tours du côté nord-est étaient achevées.

La Tour Taïnitskaïa posséda dès son inauguration, un puits et son passage secret vers la rivière et sur l'autre rive, d'où son nom, car Taïnitskaïa signifie secrète. En 1770, cette tour fut démolie à cause de la construction du Grand Palais du Kremlin par Vassili Bajenov, puis reconstruite postérieurement. C'est la plus ancienne de toutes les tours du Kremlin, du XVI° siècle, utilisée comme observatoire afin de surveiller les terres au-delà de la rivière, possédant également une cloche d'alarme en cas d'incendie. À la fin du 17e siècle, elle acquit un toit pointu. La Tour Tainitskaïa fut reconstruite à plusieurs reprises au cours de sa vie et, comme beaucoup d'autres dans le Kremlin, gravement endommagée par les explosions, lors de la retraite des troupes napoléoniennes de Moscou en 1812, nécessitant d'autres réparations. En 1930-1933, les Soviétiques murent le tunnel secret, comblent le puits et ferment sa porte d'entrée, dont la forme extérieure est encore visible aujourd'hui sous cette tour qui mesure 38,4 m de hauteur.

De nombreuses catacombes souterraines de la capitale voient le jour au XVème siècle sous le règne d'Ivan le Terrible, puis un grand nombre de bunkers et de passages souterrains sont créés au 20ème siècle, venant compliquer des souterrains déjà très tortueux. Le célèbre détachement de travailleurs soviétiques : Mikhaïlovski, ouvre vaillamment 12 niveaux et 24 sous-niveaux de structures souterraines, un exploit titanesque. Ce sont des lignes pour le métro officiel et le métro secret numéro deux, installations de drainage, systèmes de duplication et de soutage, égouts, abris anti atomiques, dérivations pour le lit de la rivière souterraine, chauffage urbain, éclairage public…

1950

Dans le Palais du Patriarche, il était nécessaire de remplacer les fondations déjà faibles qui menaçaient de destruction les constructions du XVIIe siècle. Le premier trésor a été découvert au cours de travaux de terrassement dans le sous-sol. Il se composait de deux croix pectorales en pierre, dont les extrémités étaient garnies de plaques d'or. Elles reposaient dans un trou peu profond, recouvert des restes d'un trottoir en briques. A l'hiver de 1238, la ville de Moscou est détruite lors de l'invasion des hordes de Mongols commandées par Batu Khan, dans les ultimes moments de résistance deux croix pectorales ornées de pierres précieuses uniques serties dans un cadre d'or pur, furent enterrés dans le sol. Ces croix magnifiques sont trouvées sept cents ans plus tard, pendant les travaux de réparation dans le Palais du Patriarche au milieu du XXème siècle dans les années cinquante. Au sous-sol, sous plancher en briques, les archéologues extraient une cachette. Ce sont des croix en lapis-lazuli bleu et marbre rose, serties aux extrémités de feuilles d'or. Réalisées à Byzance, elles ont été finalisées par un bijoutier russe dans une magnificence extraordinaire. Des crucifix semblables faits de pierres ornementales sont souvent trouvés dans les trésors de Kiev, du vieux Ryazan et d'autres villes russes antiques de l'époque pré-mongole. La plus grande d'entre elles, de 6.5x4.5 cm, disposant d'une boucle dorée pour attacher le cordon. La croix est faite de lapis-lazuli d'une très belle couleur bleu foncé, avec des imprégnations de pyrite dorée. Il s'agit du lapis-lazuli de Badakhshan, extrait au Moyen âge seulement au nord-est de l'Afghanistan, dans les montagnes de l'est de l'Hindu Kush, précisément le gisement de Sary-Sang dans le cours supérieur de la rivière Kokcha. Sur la plaque d'or de l'extrémité supérieure de la grande croix, l'inscription Jésus est clairement lisible. La seconde, de plus petite taille (4,5x3,0 cm), est en marbre rose, la datation de la découverte porte sur le XIII siècle.

1953

Un troisième voire quatrième niveau de structures souterraines, fut creuse après 1953, celui-ci incluait, les bâtiments du Comité central, du KGB et du ministère de la Défense, dont des structures secrètes dans les soubassements, se sont enfoncés de plus en plus profondément, parfois sur cinq à dix-huit étages de sous-niveaux. Les soviétiques dépensèrent sans compter. Ces bâtiments cachés, étaient confortables, tout comme dans la vraie ville, entièrement reliés par des rues. Ainsi, le siège du KGB à la Loubyanka, communiquait, par un passage souterrain direct allant au Kremlin, et plus loin par un tunnel au bâtiment du Comité central du Parti, dans la vieille ville, ce tunnel était si vaste, que l'on pouvait s'y déplacer en voiture. Sous le rond-point de la place Loubyanka, une partie du passage est ouvert de nos jours reliant les trottoirs nord sud de la place sous la route, un portillon rejoint même la station de métro. A la fin de l'époque de Khrouchtchev, la guerre nucléaire semblait imminente, et les projets d'un troisième niveau de structures souterraines anti atomiques, ressortirent, des travaux d'un monorail souterrain perdurèrent jusqu'au début des années 70. Ce monorail de 600-800 mètres, fit la fierté des ingénieurs, il allait du Comité Central du Parti au Kremlin, à des abris modernes en sous-sol, sur 8 à10 étages, avec un grand niveau de confort pour héberger l'élite présidentielle en cas d'attaque nucléaire.

1959

Lors de la construction du Palais des Congrès de 1959 à 1961, aujourd'hui, le Palais du Kremlin, qui nécessita la destruction des casernes, ainsi que d'autres bâtiments administratifs, sont exhumés de l'oubli, trois énormes passages souterrains assez larges pour le passage des charrettes. Au cœur de la fosse des fondations, les pelleteuses dévoilent les vestiges des célèbres chambres de la reine Natalia Kirillovna, sur lesquelles est reconstituée l'image d'un monument antique. C'étaient des chambres royales, à plusieurs étages comportant des arches, porches, petits jardins intérieurs, toutes décorées avec des sculptures polychromes. Ces chambres sont associées à la petite enfance de Pierre Ier. Il y avait aussi un terrain de jeu pour le futur Tzar, dans lequel on trouva, une tente en bois puis une hutte, c'était quelque chose comme un camp militaire miniature, destiné à des activités ludiques de la petite enfance, tout demeurait étrangement dans un parfait état, avec des canons en bois, qui tiraient des boulets en bois recouverts de cuir, comme si l'enfant avait quitté les lieux la veille.

En 1960 dans la voie Golutvinsky, fut trouvé un pot avec 2224 pièces de monnaie de l'époque du soulèvement Streltsi qui fit fait rage dans la capitale l'été 1682. Deux mille pièces de l'époque Mikhail Fedorovich ainsi qu'un centime d'argent de la période d'Alexeï Mikhaïlovitch ainsi qu'un de l'époque de Fédor Alekseevich. Le lot comprenait trois fausses pièces et cinq disques d'argent complètement lisses. Selon les chercheurs, après le soulèvement populaire de 1682, une crise financière vit naître des faussaires, ils frappèrent plus ou moins maladroitement de la monnaie sur métaux précieux reconstituant à l'identique des anciens souverains. Il est de notoriété que dans Kitanskiï Gorod, les ateliers de faux monnayeurs furent fréquents notamment dans la seconde moitié du XVIIe siècle.

Au début des années 1960, dans le bâtiment du mausolée de Lénine, apparait une fissure microscopique. Un sondage avec carottage est effectué, il descend dans les fondations à une profondeur de 16 m, les techniciens buttent sur la voûte d'un passage secret, une arche couverte de chêne servait de voûte à un passage souterrain fait de hauteur d'homme à environ 2 à 2,50 mètres. La cache, faite sous la forme d'un énorme tuyau, part du mausolée de Lénine, à l'embouchure de la rivière Yauza. Les dimensions du tuyau sont telles, qu'un homme avec une charge sur ses épaules peut circuler sans se baisser. Il s'agit d'un passage secret, conduisant du Mausolée au quartier bien connu de Kitanskiy Gorod, à 1 km vers le Nord-Est, passant sous la Place Rouge, puis sous le bâtiment commercial du Goum. Ce n'est guère surprenant, quand on sait que la ville entière de Moscou comprend 12 sous niveaux. Les chercheurs affirment que les entrailles de la capitale ressemblent à une termitière, au début du XIXe siècle, le centre de Moscou était déjà creusé dans toutes les directions. Et le vingtième siècle ajouta son lot de nouvelles structures.

1966

Un petit trésor, fut découvert en 1966 lors de la restauration de la cathédrale de l'Assomption, se composant de quatre anneaux en argent à trois boules et d'un morceau de tissu. Ces décorations de tête, belles, mais fragiles sont mal conservées, elles représentent une arche avec des chaînes de perles attachées sur elle, qui existaient dans l'ancienne Russie depuis le X et jusqu'au milieu du XIIIe siècle. La période de la dissimulation de ce trésor se situé à l'hiver de 1238, lorsque Moscou fut, capturée après le siège par les troupes de Batu Khan.

1962 -1968

Dans la rue de la Nouvelle Arbat, à droite des murs en façade de la Maison Syndicale des Journalistes sur le boulevard Nikitsky, les archéologues trouvent des pièces délicatement enterrées, datant de l'époque de l'arrière-petit-fils de Basile II le Sombre (Васи́лий II Васи́льевич Тёмны), dont le règne fut marqué par la plus importante guerre civile de la Russie médiévale. Le lot comprenait aussi, des pièces de l'ère d'Ivan le Terrible, entre1540 et -1560. De 1449 à 1459, une série d'invasions de la horde de Seid Ahmed, se succèdent en 1451, les Tartares assiégèrent Moscou, font littéralement brûler vifs ses habitants ans un incendie dantesque. Selon le chef archéologue de Moscou Alexander Veksler, ces pièces, dont un thaler réalisé en Alsace Français alsacien, se sont avérées fausses. A l'intersection du Boulevard de Ceinture avec l'Arbat, il y avait un marché, lors la démolition des maisons du vieux Moscou à l'endroit où s'étend maintenant la nouvelle Arbat, successivement au fil des ans, des richesses incalculables furent mises à jour, c'était à la fois un secteur d'habitation et un secteur marchand actif avec ses échoppes, l'argent y circulait aisément, aussi, les commerçants détenaient souvent des fonds importants à leur domicile. Les faux thalers trouvés par les archéologues de Moscou se sont révélés être en cuivre, recouvert d'un mince film d'argent. Lorsque le caractère contrefait des thalers a été découvert, ils ont été transformés, refrappés en petits kopecks à Moscou. Les matières premières pour la fabrication des pièces Russes ordinaires, étaient des thalers d'Europe occidentale, achetés en grande quantité par les marchands russes, mais beaucoup de faux kopecks argentés circulaient faits en alliage de cuivre et de plomb. Pendant des siècles, des réformes monétaires ont modifié le poids des pièces de monnaie, les faussaires s'adaptèrent.

1967

Sur le talus de la rivière Moskva, pendant la construction de l'hôtel Russie (Rossiya), on décèle un trésor sur l'emplacement du futur complexe hôtelier (Клад на месте гостиницы Россия), en 1967, lors de la construction de la rampe nord des fondations, à une profondeur d'environ sept mètres. Les ouvriers extraient un pichet d'argile cuite, dans lequel se trouvaient des roubles d'argent datant de 1515, environ 58 demi-roubles et 2 roubles des XVe-XVIe siècles. Peu de temps plus tard cette même année 67, dans la rue de Prechistenka, en creusant une fosse sous une nouvelle maison, un trésor a été trouvé à une profondeur de deux mètres, composé de milliers de pièces frappées au 17ème siècle sous le tsar Mikhail Fedorovich.

En Janvier 1969, dans un bâtiment administratif à la porte Spassky lors de constructeurs de travaux de réparation un soldat de garde aperçoit un trésor de kopecks en argent, trouvé plié sous une tuile en terre cuite sous le sable du Théâtre du Kremlin, Il comprenait 1237 kopecks en argent. Les premières pièces de monnaie du trésor furent frappées sous le règne d'Ivan III, et début du règne de Basile IV Shuisky. Dans ce trésor est une sélection assez égale de pièces de monnaie. Ces pièces de monnaie de tous les grands princes et rois qui ont régné en Russie, à commencer par Basile III, appartenant à la plus ancienne des pièces de trésor, frappées dans la période de la Monnaie à Pskov entre 1510-1533. D'autres pièces ont été frappées sous le règne d'Ivan IV et de son fils Fédor, ainsi que de Boris Godounov, et le faux Dimitri ainsi que Basile Shuyskiy. Toute la période du règne de Boris Godounov, porte sur un mois et demi d'avril à juin 1606. Le kopeck le plus rare remonte donc au temps de Fiodor Borissovitch Godounov, qui régna pendant six semaines. Exécuté à la suite d'une conspiration de riches boyards, le temps de son règne étant relativement très court, les pièces de son époque sont très rares, très rares présentes en très petit nombre dans les collections numismatiques des musées russes. Dans ce trésor de 1969, environ 69 copies du kopeck de ce souverain ont été trouvées, Toutes ont été frappés à la Monnaie de Moscou. Sur la face de la pièce, un cavalier, un lancier, et sur le revers, une inscription : « Le roi et le grand-duc Fédor Borissovitch de toute la Russie ». Les pièces remontent aussi à l'an 1610, la situation en Russie était compliquée à cette période, en juillet, les boyards furent renversés et tonsurés de force à la façon des moines, par le tsar Vassily Shuisky.

Il y avait une guerre avec la Pologne et son roi Sigismond III qui assiégeait Smolensk, puis Moscou avec les troupes du faux Dmitry II. En septembre 1610, des détachements de soldats polonais menés par Gosiewski entrèrent à Moscou et s'installèrent au Kremlin et à Kitanskï Gorod, ils y frappèrent de la monnaie royale. Deux ans plus tard, dans les derniers jours d'octobre 1612, la guerre avec touchait à sa fin, un détachement de Polonais, assiégé au Kremlin, périssait de faim, la garnison finit par se rendre aux miliciens de Dmitry Pojarsky et Kuzma.

Dans ce lot de 1969, des pièces de monnaie très rares, dont trois ont été frappés dans la courte période du règne de Fédor Godounov, des pièces polonaises du roi Sigismond III, et près de la moitié du trésor est constitué de pièces d'argent du prince Vladislav, proclamé en 1610 tsar russe et qui, assiégé par les troupes de Smolensk, n'obtint jamais le trône de Russie. Parmi les pièces de monnaie de Boris Godounov il y avait une pièce type jeton doré, réalisé pour des cérémonies solennelles avec la participation de personnes royales lors de couronnements, mariages, mais également utilisés comme prix militaires. Un orifice est percé dans les pièces de monnaie pour faciliter la suspension sur les vêtements. Ce type de récompenses dorées sont rares dans les trésors des XVIe et XVIIe siècles.

À l'automne de 1969, dans le territoire de la Grande Terre du XVIe siècle dans Ipatyevsky Pereulok, est déterré un trésor vraiment précieux. Au cours d'une excavation de voierie à une profondeur de 3,5 mètres, les travailleurs hissent sur un petit tonneau qui survécut à l'incendie terrible des maisons de la ville le 24 mai 1571, quelques objets précieux datant du temps où le Khan de Crimée Devlet-Giray brûla Moscou et que douze mille habitants périrent dans l'incendie. Aujourd'hui, le contenu du trésor unique Ipatiev peut être vu dans l'exposition permanente du Musée Archéologique de Moscou.

1970

Lors de la construction d'une tranchée de voierie en 1970 sur la Voie Ipatiev fut dégagée d'une planque, renfermant un bassin de cuivre, avec plus de trois mille pièces hispaniques d'argent pour environ de 74 kg en poids d'argent. La plupart d'entre elles étant de gros pesos de 8 réales, ainsi que des pièces de monnaie valant quatre réales et de petites pesetas de 2 réales. Ces monnaies furent frappées aux armoiries de la maison Royale d'Espagne et se trouvaient à une profondeur de 6 mètres pendant environ 400 ans. Elles n'étaient pas destinées à devenir un moyen de paiement pour des échanges marchands en Russie mais pour servir le matériel pour la frappe des kopecks russes vers 1630.

Lors d'une autre construction de tranchée en 1970, sur Ipatevsky Pereulok on trouve une coupe en cuivre, contenant plus de trois mille pièces d'argent du XVIIe siècle. Ces pièces furent frappées dans les colonies latino-américaines d'Espagne. En Russie, de telles pièces n'étaient pas un moyen de paiement courant, mais servaient de matières premières pour la frappe des kopecks russes. Les archéologues supposent que le propriétaire du trésor pourrait être un marchand étranger, ou selon une autre supposition, le trésor appartenait au marchand de Sourozh Treteniota, qui au dix-septième siècle, était engagé dans la fourniture d'argent à la Maison de la Monnaie d'Etat de Moscou. Cette même année 1970, sur Ipatievsky Pereulok 3398 pièces sont dégagées accidentellement, plus de 74 kg d'argent. Des monnaies frappées aux armoiries de l'Espagne du XVIIème siècle, extraites d'une profondeur de 6 mètres.

1971

En 1971, dans la cour d'un jardin d'enfants de Perevedenovsky Pereulok près du métro Baumanskaya, après de la Cathédrale de la Théophanie, les travailleurs tombent sur un trésor de 106 roubles d'argent frappés sous Pierre Premier, Anna Ioannovna, Elizaveta Petrovna, Pierre III, Catherine II, Paul I et Alexandre I. La dernière pièce est datée 1810. Apparemment, le trésor pourrait avoir été soustrait aux pillages de l'armée française en 1812.

1972

Une histoire curieuse s'est produite dans la rue Marxiste de Moscou en août 1972 sur le site d'une maison détruite, des écoliers remarquent une bouteille de verre brun qui dépassait du sol, bouchée par un bouchon de liège. A l'intérieur, il y avait 13 bijoux uniques, une broche avec des rubis et des diamants, un collier avec 131 diamants, des anneaux d'or et de platine parsemés de pierres précieuses, boucles d'oreilles, pendentifs et bracelets, Parmi les trésors trouvés, le plus ancien était une broche avec des rubis et des diamants, faite à la fin du 18ème siècle. Et le plus précieux était une œuvre d'art unique, un collier assemblé par un bijoutier exceptionnel au début du 19ème siècle. Les écoliers confient l'intégralité de la découverte aux représentants de l'Etat. Dans cette euphorie, lors de la réparation d'une maison pour travailleurs vers Znamenk, on trouve deux pots en verre contenant enveloppé dans un vieux journal daté 1942, 552 pièces d'or de l'époque de Nicolas Ier et Nicolas II pour un poids total de 4,5 kg. Près de cinq kilogrammes d'or, puis un peu plus loin sur Bobrov Pereulok, sous le plancher, un sac de 180 pièces d'or. A quelques dizaines de mètres de la station de métro Turgenevskaya

1973

Un trésor est révélé au XIXe siècle, sur les ruines archéologiques de la fortification de la colline Diakovskogo, (Клад Дьяковского городища). Les archéologues datent les trouvailles du VIIe siècle av. J.-C. aux VI-VII siècles de notre ère. Il s'agit de poids d'argile, pointes de flèches en os et en fer, couteaux de fer et faucilles, produits de l'art primitif, boucles d'oreille, bracelets, ustensiles en fer. Dans le même ordre de dates, au sein de la forêt de Moscou Izmailovo, vers le grand marché aux puces moscovite, furent révélées des pièces d'argent datant du roi parthe Alsace II (123 avant JC) et de l'empereur romain Gordien III (238-244 ans avant notre ère). Signes d'une intense activité dans l'antiquité.

En 1973, lors de la pose d'un pylône dans le Kremlin, la voûte d'une galerie souterraine inconnue menant à la tour Spassky est révélée à une profondeur de 4 mètres. Cependant, il n'a pas été possible de dégager complètement la galerie, qu'une seconde voûte est révélée cette année-là, juste à la droite de la tour Spassky, aussi à une profondeur de 4 mètres. Les ouvriers ouvrent une galerie souterraine de 2 mètres de haut. Les murs du passage mystérieux sont en briques, et des armatures de fer forgé servent de voûte. Elle était d'hauteur homme, tous les 4 mètres dans les murs de la galerie souterraine il y avait des niches mystérieuses. Une nouvelle fois les autorités recouvrirent le tunnel mystérieux de terre et bétonnèrent par-dessus. Des scientifiques décelèrent des chambres souterraines et deux tunnels sous 12 mètres de profondeur, les archéologues demandèrent un permis de fouilles au bureau du commandant de la garde mais, on leur refusa définitivement l'entrée au site.

Près des portes de la Trinité du Kremlin, des travaux de restauration étaient en cours en 1973, dans un bâtiment construit en 1652 au Palais Poteshny. Le palais fut construit en 1652 comme maison d'habitation du riche boyard I.D. Miloslavsky, beau-père du tsar Alexeï Mikhaïlovitch. Le bâtiment, fut donné au théâtre du Kremlin en 1679 après la mort du propriétaire, il fut partiellement reconstruit et réutilisé. Sous l'escalier du clocher, au niveau du quatrième étage, existait autrefois une petite chapelle consacrée à la Vierge. Dans le mur en briques des restaurateurs trouvent une niche dans laquelle il y avait deux poêles et une grande casserole avec une poignée. Le diamètre des poêles était de 25 et 30 cm, et la hauteur du pot était de 18 cm Ces ustensiles de cuisine étaient utilisés pour cuisiner et réchauffer les aliments. Dans quel but fut cachée dans cette niche dans les murs du palais, la faïence culinaire la plus courante du XVIIe siècle ne peut être expliqué.

1974

En juin 1974, dans la tour de l'Arsenal, les archéologues ouvrent un passage intra-muros, un an plus tôt, en 1973, dans la tour Nabatnaya, fut mise à jour, une galerie qui allait de Nabatnaya à la tour Spassky, mais le début et la fin de la galerie n'ont pas pu être trouvés, car les extrémités étaient éboulées.

1975

En 1975, lors des travaux de construction sur la place Ivanovskaïa, à une profondeur d'environ 4 mètres, une armure richement décorée d'anneaux minces et de plaques ornées, d'un combattant du XVIe siècle, est extraite de terre. L'armure était une cote de mailles à manches courtes, 15cm, disposant d'un décolleté rectangulaire sur la poitrine et le dos. La partie inférieure de l'armure était renforcée avec des plaques d'acier disposées en plusieurs rangées l'une sur l'autre. L'armure pèse au moins dix kilogrammes, elle est faite d'anneaux fixés par deux rivets de 2 mm d'épaisseur avec un diamètre de 12 mm Sur la manche et le reste l'armure, les anneaux avaient une connexion plus simple avec un seul rivet. Les 145 plaques de cuirasse d'armure ont été conservées bien que dévorées par l'eau, elles ont des dimensions de 39 mm et 17 mm L'Armure dite du combattant du Kremlin est une pièce très rare et coûteuse, produite par les armuriers russes du 16ème siècle. Son analogie la plus proche est l'armure du prince Vladimir Staritsky, le cousin d'Ivan IV le Terrible.

L'histoire de la découverte de 1976 est liée à la Tour Sobakina, le nom moderne du coin de l'Arsenal), qui se dresse aujourd'hui sur la tombe du soldat inconnu face aux jardins Aleksandre. C'est une puissante tour hexagonale d'environ six mètres diamètre, construite en 1492 par l'architecte italien Pietro Antonio Solari, des travailleurs qui déblaiement un puits révèlent une cache médiévale demeurée occultée dans la tour pendant plus de quatre siècles. Dans le puits construit au 16ème siècle, quelqu'un cacha les armes, deux casques et quatre étriers enveloppés dans une cotte de mailles. À la fin du XV - le début du XVI siècle, principalement pendant le règne du Grand Prince Ivan III, l'ancienne forteresse en pierre blanche délabrée de l'époque de Dmitry Donskoy a été reconstruite, en raison du flux de la rivière Neglinnaya, les rives marécageuses émergent jusqu'aux pieds des murailles, servant de douves naturelles, sentant souvent le moisi et la tourbière stagnante. Il fut décidé de construire un puits dans la tour Sobakina (En troisièmes noces, Ivan IV épouse la jolie blonde Marfa Sobakina, le 28 octobre 1571), le puits a été construit pour fournir de l'eau à la forteresse en cas de siège. Les ouvriers devaient intervenir en 1976 pour évacuer l'eau dans le sous-sol de la tour car le canal de décharge de la rivière Neglinnaya était bouché par des détritus, et le niveau de l'eau montait dans les caves du Kremlin. Les objets trouvés remontent à la fin du 15ème et début du 16ème siècle, mais avec plus de cinq-cents ans de séjour dans l'eau, les antiquités trouvées ont beaucoup souffert, seuls des fragments subsistent. Quatre étriers massifs en forme d'arche avec des repose-pieds droits en forme de plaques, et dans les arcs des étriers, des trous rectangulaires sont coupés pour la fixation des tiges de cuir les reliant à la selle. Quelques anneaux aplatis d'un diamètre de 11-13 et 15-16 mm et d'une épaisseur de 1,5 mm Deux casques Shishaki forgés à partir d'une seule plaque de fer, sur les suspensions d'un des casques, un ornement forme une belle rosace. Les casques sont des bols se terminant en pointe au-dessus, de style ottoman.

1980

Au début des années 1980, lorsqu'une maison est rénovée dans la rue Prechistenka, encore un numéro 13, les travailleurs tombent sur une cachette renfermant de précieux bijoux, disposée entre le toit et les plafonds. Depuis 1912, dans cette luxueuse maison au dernier étage, habitait le troisième fils de Karl Fabergé, Alexandre. Depuis les fenêtres de son immense appartement, il jouissait d'une vue magnifique sur le Kremlin, les ruelles de l'Arbat et le couvent Novodievitchi. Parmi les bijoux, de nombreux sont en platine, le maître joaillier utilisa souvent des alliages de platine, qui jusqu'en 1926, n'était pas estampillé de son poinçon. Par ailleurs, les ouvriers bolchéviques des années 20 chargés de dessertir les parures, n'étant pas qualifiés, ils prirent le platine pour de l'argent, les firent fondre et les vendirent comme tel.

1987

Beaucoup de rochers furent enterrés dans la voie Kolymazhniy près de Volkhonka à l'Est du Kremlin entre le Palais des Armures et le Musée des beaux-arts. Dans ce secteur, un musée immense, et l'avenue se dirigeant vers les contrebas des magasins de la Galerie Marchande Souterraine au Nord des Jardins d'Alexandre du Kremlin. L'un de ses rochers ne bougea pas pendant soixante-dix ans, jusqu'à ce qu'un élève se mette dans la tête de le prendre et le retourner. Sous le roc, il découvre un trésor étrange, une petite pièce de monnaie et un étui à cigarettes en argent avec une note manuscrite sur papier un testament. Enveloppés dans une feuille de caoutchouc, avec deux revolvers, et des cartouches, deux paires de bretelles, des boutons pour une tenue de cadets. A l'automne 1917 leur peloton de cadets fut dissous et les jeunes placèrent tout ce qu'ils possédaient dans une cache, craignant pour leur vie. Certainement issus d'une lignée familiale de haut rang car il y avait écrit un numéro de compte de la Banque d'Angleterre à Moscou avec et le mot de passe pour récupérer les fonds.

1988

Sur la rue Dostoïevski, la construction d'une nouvelle maison se terminait terminée, quand les constructeurs devaient remblayer la tranchée avec de la terre. Soudain, après une forte pluie, le chef de chantier remarque quelque chose briller. Il s'est avéré être d'anciennes pièces d'argent agglomérées ensemble dans un gros bloc. Les ouvriers cassent sauvagement ce dernier pour en séparer quelques centaines de pièces, mais il est peut-être déjà trop tard, le reste du trésor est parti avec les camions benne transportaient la terre sur un autre chantier de construction 1,2 km plus loin au sud-ouest, quartier Tversky, non loin du Parc Sad Hermitage, dans la rue, Karetny Ryad, sur les remblais d'un nouveau bâtiment. Malheureusement, la recherche de pièces complémentaires n'a donné aucun résultat. La rue Karetny Riad (Каретный Ряд), qui signifie rangée des charrettes, est une rue du centre historique de Moscou, dans le district administratif de l'arrondissement de Tver. Elle démarre au Sredny Karetny Pereoulok (voie moyenne Karetny, des charrettes) et se termine rue Sadovaïa-Karetnaïa.

Le 17 mai 1988, lors de travaux d'excavation d'un bâtiment du gouvernement à la porte Spassky, fut découvert par les bâtisseurs, un trésor datant de 1237, dont la trouvaille n'a aucun analogue précédent. Ces bijoux ont une place unique dans les collections exposées actuellement au musée. De la période pré-mongole, environ trois cents bijoux, en argent, contenus dans ce qui fut jadis un coffre en bois avec deux poignées de cuivre. Enterré dans le sol pendant sept siècles et demi, il ne restait rien du coffre, seulement de petits morceaux de bois pourri, et l'argent était devenu noir. Des ouvriers dégagent le Grand trésor du Kremlin à côté de la tour Spassky, par ou pénètrent les salariés des bâtiments administratifs du Kremlin face au Goum, inséré dans une couche de sable sous une profondeur de 5 mètres, à quelques centimètres des soubassements des fondations d'un bâtiment administratif datant des années 30. Il est plus que probable que le coffre de bois fut un riche trésor princier, ou un tribut datant du siège de Moscou par les troupes Mongoles de Baty Khan en 1237. Ce nouveau grand trésor du Kremlin en argent, du 12ème au début 13ème siècle, est, selon les experts, parmi les dix plus grands trésors les plus importants jamais trouvés dans les villes russes antiques. Il nous est difficile d'imaginer comment le trésor a miraculeusement été préservé sur le site, où pendant sept siècles et demi les constructions, civiles, militaires et religieuses se sont succédées en bois ou en pierres avec des excavations de terrassement gigantesques. Le trésor du Kremlin s'est révélé très intéressant et diversifié par sa composition, en plus de deux paquets, composés de huit agrariens, de très rares coiffures de l'époque pré-mongole en Russie, auxquelles sont attachées de longues chaînes aux maillons entrecoupés de perles creuses. Les extrémités des chaînes se terminent par des pendentifs. Les pendentifs avec des croix sont les plus grands de l'ensemble, avec un diamètre de 9, 8, 8 et 7,5 cm. Des cerceaux en forme de corne, et des arceaux de métal faits d'une plaque d'argent pliée dans un tube. Soixante-dix-huit perles de métal du 13ème siècle, d'une forme allongée ou ronde, avec quatre hémisphères soudés Les hémisphères sont séparés les uns des autres, par de minces morceaux de fil torsadé dont deux perles ajourées très rares, dix perles ont la surface recouverte d'un grain fin et lisse. En outre, parmi elles se trouvaient trois bracelets, appelés les bracelets brassards larges, reliés par deux charnières, une tige coulissante dans l'axe de la charnière creuse facilite l'ouverture. Dans ce trésor des anneaux avec des incrustations de verre coloré, de nacre et de perles, également de nombreuses bagues qui diffèrent les unes des autres non seulement par la forme mais aussi par leurs motifs, car aucune gravure n'est jamais répétée. Au fond, un manche de poignard de cérémonie, fait d'os de morse et bordé aux extrémités de plaques d'argent, aux extrémités avec des ornements gravés. Selon les experts, c'était un objet cérémonial, pas un poignard de combat, car le système de fixation de la lame à la poignée n'a pas la force nécessaire pour supporter un usage guerrier. En plus de la bijouterie, trois lingots en argent tubulaires ou en losanges noircis par les siècles, de barres également appelées grivnas ou Lingots de Novgorod sous la forme de tiges droites, de 15,6 cm, et pesant 202,8 g, puis un lingot type Hryvna en forme de barre hexagonale de 8 cm x 13,5 cm avec des extrémités aplaties pesant 197,8 g. Ces barres sont appelées Tchernigov. Le poids de la barre est inhabituel, sous cette forme, elle devrait peser environ 163-164 g, et non 203 g habituels des lingots du système monétaire de Kiev.

1989

En 1989, dans la cour intérieure du Sénat, un banc est avalé sous terre avec un arbre à côté de lui. Un an plus tard, dans la même cour, un trou de trois mètres de profondeur, s'est à nouveau formé.

En 1989, à la salle des ventes aux enchères Sotheby's, présente au public, une pièce précieuse de la collection perdue de Fabergé réapparue. Il s'agit d'un fauteuil miniature en or dans le style de Louis XV, acheté par le magazine Forbes pour 70 mille dollars. Selon les documents des archives de la famille Fabergé, il a été établi que la chaise fut pillée dans les réserves du magasin de la marque à Moscou par les bolchéviques. Les héritiers de la famille Fabergé doutent encore que les Tchékistes aient complètement pillé les caves de l'entreprise à Moscou, dont le bâtiment abrite de nos jours un restaurant de la chaine de restauration Elki-Palki, dont l'emblème est un coq multicolore picorant le sol.

1990

En 1990, à Moscou, lors de réfections de voirie dans la rue Solyanka devant le n°13, ancienne maison Fabergé, les travailleurs trébuchent sur une cachette disposée entre les étages qui renferme deux boîtes avec des bijoux en or et en platine avec des diamants, des perles et saphirs, estampillés avec des poinçons Fabergé, l'ensemble est demeuré intact soixante et onze ans. Initialement, le trésor fut évalué à 360 mille roubles, mais sa valeur réelle est bien supérieure car tous sont inestimables. Treize objets de ce trésor sont conservés au musée de l'Armurerie du Kremlin, le reste fut dépecé, desserti et vendu au détail à l'étranger pour renflouer les caisses des révolutionnaires. La maison sur Solyanka appartenait au co-directeur de la maison Fabergé, responsable de la filiale moscovite, Vladimir Stepanovich Averkiev, qui périt atrocement torturé en 1929 dans le sous-sol de la Loubyanka le siège du futur KGB. Selon Tatyana Muntyan, (la conservatrice de la collection Fabergé et des bijoutiers russes de la fin du XIXe et du début du XXe siècle pour les musées du Kremlin de Moscou), cette découverte peut être considérée comme vraiment rare, car auparavant, dans les musées du monde entier, il existait très peu de parures Fabergé dans les collections exposées. Ceci s'explique car dans les années 1920-1930, les bijoux confisqués furent dépecés, les pierres desserties, le métal précieux fondu.

1991

En octobre 1991, lors de la pose des câbles téléphoniques de la ville, dans une des fosses fournissant les câblages au Présidium du Soviet suprême de l'URSS, les ouvriers saisissent vingt-trois articles de bijouterie ancienne.

Le trésor de 1991 s'est avéré être très compact et homogène en termes d'un ensemble de choses. Il présente des bijoux d'œuvres russes datant de la fin du XIIe-XIIIe siècles. Ce trésor de bijoux en argent d'époque pré-mongole est modeste, mais pas moins intéressant que des grands, il comporte vingt-trois articles de bijouterie, trouvées en octobre 1991 lors de la pose des communications de la ville, dans une fosse de l'une des cours du Présidium du Soviet Suprême de l'URSS. Il fut enterré dans le sable à une profondeur de 5 mètres. Dans les premières années du 15ème siècle, le Couvent de l'Ascension a été érigé directement au-dessus du trésor, puis le sous-sol de la construction est demeuré intact jusqu'aux années 30 du XX° siècle, qui ont créé des conditions favorables pour la préservation des bijoux de l'antiquité. Dans ce lot il y a des décorations des trois groupes principaux, des rosaces en étoile d'épis de maïs à six rayons et des anneaux à trois tempes dont l'un n'a pas de fente ordinaire mais couvert de perles. Parachèvent la trouvaille, trois hryvnia tressés, deux perles creuses en argent, dont une très rare en forme de tonneau, décorée de douze hémisphères, la seconde, est unique, aucune similaire ne fut jamais trouvée, faite d'une plaque dans laquelle sont percés de petits trous. Chacun d'eux est à l'extérieur entouré d'un fil mince. Aux jonctions de ces anneaux sont soudées de petites boules de granules, chacune, à son tour, insérée dans un anneau séparé). Les ornements de mains sont représentés dans le trésor avec deux bracelets. L'un d'eux est tissé à partir de fils épais et a des extrémités non fermées, en forme de la tête de certains animaux, peut-être des dragons. Mais les extrémités du bracelet ont été partiellement perdues dans l'antiquité. L'enfouissement du trésor remonte à hiver de 1238 suite aux événements tragiques où les hordes mongoles attaquent Moscou après avoir détruit Ryazan.

1993

En 1993, dans la rue Gertsen, aujourd'hui Bolshaya Nikitskaya, la pelleteuse de l'excavatrice extrait un œuf en argile. Les ouvriers le cassent contre une pierre et il se fend et s'éventre, il est rempli de milliers de petites pièces de monnaie. Les ouvriers se les partagent et commencent même à en vendre sur le rebord du trottoir, en quelques minutes sur le bord de la fosse des fondations ils forment une exposition-vente. La police intervient une heure plus tard, suite à l'attroupement qui se forme autour d'eux, et les conduit au poste de la Milice. Arrivés sur le site, les archéologues arrêtèrent immédiatement l'excavation et procèdent à l'émiettage de chaque motte de terre à pleines mains. Ils extraient d'autres trouvailles précieuses, et certains objets de la vie courante au moyen âge, pendant ce temps, les ouvriers furent inculpés pour vol et recel.

L'un des trésors les plus intéressants, fut celui trouvé en 1993 sur Sretenka, dans le grenier de la maison du Régisseur du collège militaire Suvorov. Il y avait toutes sortes de billets de banque de 1918-1920, y compris les billets de Kaledin, la république Sibérienne de la Garde Blanche ainsi qu'un le livret d'épargne et une lettre d'amour du propriétaire.

Dans les caves, sous l'ancienne église près de Taganka non loin du Bunker 42 de Staline, à proximité du métro Marxistkaya, au cours de leurs travaux de réparation, après avoir abattu le plâtre d'une cloison, des ouvriers trouvent un mur de briques, qui une fois tombé laisse apparaitre une cache renfermant des objets de culte en or plusieurs lampes en argent, une coupe dorée pour la Sainte-Cène, un chandelier. Environ un kilomètre au Nord, près du monastère Spaso-Andronikov un autre trésor voit le jour peu d temps après, environ 2.000 pièces de monnaie d'Ivan III. Le monastère Andronikov du Sauveur, est un ancien monastère médiéval, situé à Moscou sur la rive gauche de la Yaouza, devenu aujourd'hui, le musée de la Culture et de l'Art de l'ancienne Russie médiévale.

Au cœur de la capitale, sous la place du Manège, plus précisément, dans son espace souterrain, il y a le Musée d'archéologie de Moscou, situé à une profondeur de 7 mètres directement sur le site de fouilles archéologiques, jadis réalisé à grande échelle de 1993-1996. Il donne une idée de ce que fut la capitale à l'époque médiévale. A proximité, du site archéologique sous la Place du Manège environ quatre-vingt mille pièces de monnaie en argent et en cuivre pesant environ 40 kilogrammes, furent extraites de racines de vieux chênes. L'une des expositions du Musée d'Archéologie est désormais consacrée à ces trésors anciens et à divers articles en céramique ou argile, cruches, pots, tasses. Le premier trésor, présenté dans le musée, fut déniché en 1996 lors de fouilles dans l'ancien Gostiny Dvor, pour dégager le sous-sol sous un plancher carbonisé. Ce trésor devint le plus grand jamais trouvé dans la capitale Moscovite. Sortirent de terre de nombreux bracelets en verre, broches, pendentifs. Dans la tranchée les archéologues dégagent une fosse creusée dans le sous-sol d'un bâtiment du 17ème siècle, où se situent de manière inattendue, deux cruches, de cuivre et d'argile, avec 335 pièces d'Europe Occidentale, des thalers et 95 429 pièces de monnaie en argent russes remontant à l'époque d'Ivan le Terrible et au tsar Mikhaïl Fedorovitch, le premier de la dynastie des Romanov. En plus des pièces de monnaie, le trésor contenait 16 magnifiques vases d'argent, des tasses, est ustensiles de la table datant du XVIIe siècle et enterré sous le plancher d'une maison totalement détruite dans un incendie. La constitution du trésor suggère qu'il appartenait au propriétaire de l'une des principales boutiques des marchandes sur le territoire du Gostiny Dvor (un grand marché de gros en produit alimentaires).

Крѣмля. — Murs d'enceinte du Kremlin.

1995

En 1995, à l'initiative de l'entrepreneur russe bien connu, l'homme d'affaires et millionnaire, Herman Sterligov, de nouvelles fouilles très médiatisées sont entreprises au kremlin de Moscou, au Kremlin d'Aleksandrovskaya Sloboda, ainsi que dans le palais de la ville de Vologda et à celui de Ryazan. En 1997, le gouvernement de Moscou rejoint ces expéditions de fouilles, sur les ordres de Youri Loujkov, apportant aussi des subventions publiques. Ont été alloués des fonds importants pour l'organisation, et la conduite de tentatives archéologiques, qui, malheureusement, n'ont officiellement donné aucun résultat, en raison de quoi, après quatre années, elles sont abandonnées en 1999. On se demande justement s'il y a lieu de poursuivre les recherches. Après tout, les manuscrits auraient pu tomber en poussière, brûler ou être appropriés par des voleurs.

Pendant la construction du Gostiny Dvor un complexe de bâtiments fournissant des services pour le commerce de gros les moyens de subsistance des commerçants, généralement d'autres régions, rue Ilinka au numéro quatre, deux églises ont été détruites dans les années 1920-1950. Selon le chef archéologue de Moscou Alexander Grigorievich Veksler, de grands dommages aux églises de Moscou ont été infligés pendant les années du pouvoir soviétique 30 ans. En 1996, lors de la restauration du Gostiny Dvor, les locataires des immeubles furent expulsés dans une confusion totale, le 20 avril 1996, dans la partie nord du Gostiny Dvor, près de la rue Ilinka les ouvriers dégageront le plus grand trésor de Moscou. Pour nettoyer le sous-sol en bois carbonisé indiquant que le bâtiment où les trésors furent cachés brûla jadis complètement, les ouvriers descendent dans les couches de terre des XVIII° siècles entre 5 et 14 m de profondeur, entre les rues Ilinka à Varvarka il y avait plus de 1 000 logements entre 1800 et début 1900.

La trouvaille portait sur deux cruches, remplies de 22 000 pièces de monnaie de l'époque de Mikhail Fedorovich et Alexeï Mikhaïlovitch Romanov. Le poids total de la trouvaille était de 11 kilogrammes d'argent pur. De nombreuses années plus tard, un tonneau en bois du XVe siècle, une marmite et un système de chauffage du XIXe siècle ont été déterrés dans les tranchées fraîchement creusées sur Ilyinka.

TOUR SPASSKAYA

2007

Sur les frontons des tours Spasskaya et Nikolskaïa, d'anciennes icônes jadis dissimulées à l'époque des années du pouvoir soviétique furent retrouvées. Pendant longtemps, ces icônes demeurèrent considérées comme perdues. Dans l'histoire moderne du Kremlin, on croyait que toutes les icônes qui se trouvaient sur les arches frontales des façades sur les tours étaient définitivement disparues, bien qu'aucun document n'indiquât leur destruction. Tout a commencé par le fait que l'évêque de l'Europe occidentale Michael fournit aux chercheurs historiens et archéologues, une photo de l'icône de Saint-Nicolas placée sur la tour Nikolskaïa. La photo fut prise après le bombardement des tours du Kremlin en octobre 1917. Le patriarche Tikhon à ce moment-là, donna le cliché à l'amiral Kolchak. Les scientifiques suggérèrent l'hypothèse, que les icônes sur les tours Spassky et Nikolskaya, étaient encore préservées dans les murs, sous une couche de plâtre.

La recherche d'icônes débuta sur l'initiative de la Fondation André le Premier, (Фонда Андрея Первозванного), en 2007. Puisque le Kremlin est un monument architectural classé à l'UNESCO, il fallut constituer un collectif afin de garantir la préservation des lieux, qui comprenait le Président du Conseil d'administration de la Fondation Saint-André Vladimir Yakounine (Владимир Якунин), le commandant du Kremlin de Moscou, Sergueï Khlebnikov (комендант Московского Кремля Сергей Хлебников), le chef du département de la culture Russe Alexander Kibovsky (Александр Кибовский), le directeur général des Musées du Kremlin de Moscou Elena Gagarina, fille du célèbre Cosmonaute Russe (гендиректор Музеев Московского Кремля Елена Гагарина), le directeur du Service fédéral de sécurité de Russie Evgueni Murov (директор ФСО России Евгений Муров). En février 2010, après toutes les approbations nécessaires, il se décide de mener des recherches à grande échelle, du 23 au 27 avril 2010. Derrière la couche de plâtre s'extrait un treillis métallique et une grille, sous 10 centimètres, de revêtement, la peinture renait.

L'icône de la tour Spassky retrouve la lumière du jour face aux historiens et archéologues médusés. Sur la tour Nikolskaïa, une icône apparait, peinte selon une technique plus ancienne, la tempera, datant vraisemblablement de la fin XVème au début XVIème siècle. Des travaux de restauration sont entrepris immédiatement après les vacances de mai 2007.

Au cours du conditionnement, les restaurateurs déterminent les termes et s'efforcent de terminer le protocole de restauration des icônes jusqu'à la fin du mois d'août ainsi que leur préservation au de-là. Selon des documents historiques sur la tour Spassky (Спасской башне), figure l'icône Frolovskoy, une icône représentant le Sauveur avec le révérent Serge Varlaamn à ses pieds (икона Спасителя с припавшими к его ногам преподобными Сергием и Варлаамом иконы Спасителя называлась Фроловской). Et sur la tour Nikolskaïa figure une fresque de Nicolas Mojaisko (Николы Можайского). Selon les conférences de l'historien d'art renommé Igor Grabar (Йгорь Эммануйлович Грабáрь), il est fait mention du fait que pendant les combats d'Octobre 1917, l'icône Mojaisko (Николы Можайского), placée au-dessus de la porte d'entrée de la tour Nikolskaïa (Никольской башне), avait été criblée de balles et éclats d'obus, tout comme la tour elle-même, mais le visage de l'icône ne fut pas touché, ce qui, dans l'esprit de pas mal de croyants Moscovites, fut le signe d'un miracle.

L'icône est l'œuvre d'Igor Emmanouïlovitch Grabar, peintre, historien d'art et muséologue soviétique, né le 13 mars 1871 à Budapest, décédé le 16 mai 1960 à Moscou. Elena Gagarina (Елена Гагарина), fille de l'ancien cosmonaute Youri Gagarine, directrice générale des Musées du Kremlin de Moscou, note que le monument architectural le plus inexploré à Moscou est le Kremlin lui-même :

« Tout travail de restauration au Kremlin implique beaucoup de découvertes et de connaissances sur la vie de l'Etat russe. Les noms des tours du Kremlin n'étaient pas associés à l'origine aux icônes représentées sur elles. La tour Spasskaya avait sur son mur l'icône Frolovskaya, elle reçut le nom de Tour du Sauveur, comme à travers elle se trouvait la route vers L'église de la Transfiguration du Seigneur, (Спасо-Смоленскому храму) ; située derrière la cathédrale de Saint-Basile (Василия Блаженного), et qui renferme l'Icône de la Mère de Dieu de Smolensk. De la tour Nikolskaya (Никольской башни), commence le chemin menant à l'église de Saint-Nicolas le Vieux (Храму Николы Старого) ».

Icône criblée de balles dont le visage du saint à été épargné

Образ Николая Чудотворца
с Никольских ворот Кремля,
поврежденный при обстреле. 1917 г.

Fronton endommagé en 1917

2010

Un autre petit trésor est révélé lors de la première restauration de la cathédrale de l'Assomption au Kremlin de Moscou. Il se compose de quatre anneaux d'argent à trois boules et d'un morceau de tissu désagrégé. La date de la dissimulation de ce trésor remonte à l'hiver 1238, lorsque Moscou fut capturée après le siège par les troupes Mongoles de Batu Khan.

2018

Les médiums modernes planchent toujours avec leurs pendules sur les photos aériennes et les cartes du Kremlin, à la recherche d'indices. Selon le médium S. Bahrak, cela peut s'expliquer par l'influence des médiums qui vivaient à l'époque d'Ivan le Terrible. Au Moyen Age, les trésors n'étaient pas seulement soigneusement cachés, mais on leur jetait également des sorts. À cette fin, les sorciers ont non seulement rendu les trésors invisibles auprès des chasseurs de trésors. Les mages ont créé, en termes modernes, un sortilège fantôme, comme une image mentale du trésor, situé loin de son emplacement réel, confondant les chasseurs de trésors et ne permettant pas de les découvrir. Très médiatisés, les médiums font constamment parler d'eux à la télévision et dans la presse quotidienne Moscovite. Le médium Serguei Pakhomov, plus connu sous le nom de Pakhom, annonce sa candidature aux élections présidentielles du 18 mars 2018, lors d'une interview publiée par le journal Moskovski Komsomolets. Le médium, voyant Pakhom, est aussi artiste, designer, musicien ou encore acteur, il participa à l'émission de téléréalité : "La bataille des médiums". Malgré tout le tapage médiatique, aucun voyant n'a encore pu percer les mystères du Kremlin à ce jour et la malédiction de ses squelettes enchaînés aux murs. Les médiums commentent les évènements, parfois, le pendule à la main, se rendent sur place suivis des caméras de télévision, les découvertes sont tellement nombreuses qu'ils veulent aussi tenter leur chance

Au centre de Moscou une vieille maison en bois fut démolie près de Sokolniki, une pluie d'argent s'est soudainement abattue sous le toit, devant l'excavatrice surprise qui avait détruit le bâtiment délabré. Il s'est avéré que le seau de l'excavatrice a brisé un pot avec des pièces d'argent, caché par quelqu'un dans le grenier. Les travaux sur le site de construction ont cessé, tous les constructeurs se sont précipités pour collecter l'argent éparpillé et laver la chance inespérée. Le Parc de Culture et de Détente Sokolniki (Парк Сокольники, littéralement Parc des Faucons, est l'un des parcs les plus grands de Moscou. Il fut créé par le tsar Alexis I° Mikhaïlovitch, père de Pierre le Grand. Il tient son nom de la pratique au XVII e siècle, de parties de chasse royales avec des fauconniers, au Nord-Ouest d'Izmaïlovo.

Exploration des tunnels sous le Kremlin années 1800

Lors de la construction d'un passage souterrain près de la place Sovetskoï Plochad de Moscou, les ouvriers trébuchent sur d'anciens trottoirs en bois à trois niveaux. Entre les couches des différents niveaux datant du moyen âge, ils extraient des restes de chaussures en cuir brut, des fers à cheval, des accessoires de la vie quotidienne en fer ainsi que des semelles de bottes dont une semelle d'une énorme botte de taille 51. Diverses poteries dont un cube d'argile du 16ème siècle.

Un autre curieux trésor est trouvé à Opole rue Pyatnitskaya, n°76 dans un endroit adjacent à la porte en bois de Serpukhov, un total de 7 roubles 28 altyns et 2 roubles or, le trésor est daté par les pièces d'or de 1610. Il pourrait coïncider à la période de l'arrivée à Moscou du faux Dimitri II, coïncidant avec le renversement de Basile Le Sombre (Temnogo) lors du rassemblement des citoyens près de la porte de Serpoukhov. La rue Pyatnitskaya est Nord-Sud, parallèle au grand pont qui part au Sud de la Place Rouge, le Bolshoy Moskvoretsky Most, rive Sud de la Moskova.

Dans le secteur des échoppes marchandes du moyen-âge Porte Tagansky, sur la route des caravanes commerciales reliant les terres de l'est de l'ancienne Souroj, un important centre de commerce de produits de la mer Noire en travaux, sortent hors sol, deux trésors, un premier près de la porte Tagansky sur la rue Marxiste, avec 370 pièces de l'époque d'Ivan IV, le second sur Tekstilshchiki, une boîte avec 2350 pièces d'argent émises au XV siècle sous le règne d'Ivan III et de Vassili III.

Un trésor de 800 pièces d'argent, émis au 15ème siècle sous le règne d'Ivan III et de son prédécesseur, Basil le Ténébreux, a été trouvé à la ferme de Krutitsa.

Sur la rue Spartakovskaya, près de la splendide Cathédrale émeraude et or, de L'épiphanie, à 4 km du Théâtre Bolchoï, un trésor a été trouvé, un pichet de 180 pièces, enterré dans le jardin d'un ancien Palais datant de 1530.

Sur le territoire de Kosino dans la région de Perovsk, près de l'Institution budgétaire de l'Etat pour la culture de la ville de Moscou rue Perovskaya, station de métro Novogireevo, au Sud d'Izmaïlovo, un trésor a été trouvé dans une vieille tombe, environ 45 pièces d'argent du Grand-Duc de Moscou Ivan I de Russie (1288-1340).

Près de la clôture du monastère Novodievitchi ont été trouvés trois navires avec des pièces d'argent du temps d'Ivan III. Sur la rue Samotechnaya, à la place du village du palais de Sushchevo près de la place Samottechnaya, on a trouvé un trésor de 100 pièces d'argent, datant de 1550-1600 ans. Pendant la pose de pièces de monnaie, cette partie de Moscou commençait tout juste à se constituer. Son nom, Novodievitchi voulant dire la nouvelle Vierge, fut choisi pour le différencier du couvent de l'Ascension. Ce monastère de femmes placé au Sud-Ouest du centre de

Moscou, proche d'un Hôpital bien connu, est indissociable de la régente Sophie Alexeïevna qui le fit reconstruire vers 1680 avant d'y vivre recluse jusqu'à sa mort, après avoir été destituée par son demi-frère Pierre le Grand. Le monastère Novodievitchi abrite, au bord du Grand Étang, plusieurs sanctuaires, au sein d'une grande forteresse aux murs crénelés, dont la splendide église baroque de la Transfiguration ainsi que la Cathédrale Notre-Dame-de-Smolensk.

À Moscou, dans la rue Shchepkina, en creusant une tranchée proche du Centre Médical EMC, des ouvriers hissent à bout de bras deux trésors pesant 18 kilogrammes d'or rouge en plusieurs lingots, puis un peu plus loin dans la tranchée, un sac de cuir en décomposition émergent montres, bracelets, boucles d'oreilles, bagues, médaillons en or.

Dans l'ancien manoir Nommé « Le Désert du Nil » sur Serebryanynichesky Pereulok, vers le Musée des Gardes-Frontières, à 1,3 km du kremlin à l'Est, lors de la restauration, d'énormes liasses de billets de banque anciens ont été trouvées. Un des travailleurs les a jetés par la fenêtre, et l'argent descendit lentement porté par le vent avant de joncher tout le trottoir de la rue devant les passants médusés.

Durant la restauration d'un vieux manoir dans la rue Shchepkina, les ouvriers trouvèrent sous la base de la maison cinq petits lingots de la taille d'un paquet de cartes. Quand les barres furent débarrassées de la saleté, il s'est avéré que c'était d'or pur pour un poids total d'environ 18 kilogrammes. Le manoir avait appartenu jadis à un riche marchand de savon qui émigra durant la révolution bolchévique après avoir enfoui ses avoirs pour les préserver dans les premières années révolutionnaires pendant la guerre civile, ne revenant plus jamais chez lui. Il est intéressant de noter que le lendemain, dans la même tranchée, les mêmes ouvriers aient trouvé un autre trésor, cette fois dans un sac de cuir en décomposition, avec des montres en or, des bracelets, des médaillons et 13 pièces d'or.

Parfois il y avait aussi des trésors maquillés. Quand il fut temps de remplacer les planchers délabrés dans une vieille maison de la rue Tverskaïa, l'artère principale de la ville qui passe à gauche du Théâtre Bolchoï et devant le parvis de la Mairie, l'un des ouvriers trouve trois barres en fonte noire sous le plancher, pesant 7,5 kilogrammes. Il les ramène à la maison et les donne aux femmes dans son immeuble. Pendant plusieurs années, elles servirent de pressoir pour les couvercles des casseroles, des pots, de marteau pour clouer clous, de bloque porte et de cale pour les lits, jusqu'à ce que l'un des locataires pense que les barres sont trop lourdes, il les frotté avec du papier de verre, et il s'avère qu'il s'agissait d'une barre de 2,5 kilogrammes d'or rouge. Selon les anciens, en 1917 vivait ici un banquier qui cacha son trésor jusqu'à des temps meilleurs.

Le palais du Zariadié fut la propriété de la famille des boyards Romanov jusqu'à leur accession au trône. L'exposition conte l'histoire de Moscou au 16es. Aujourd'hui un musée, sa restauration mit à jour de nombreux articles de la période médiévale, dans la vieille ville chinoise de l'arrondissement Moscovite de Kitanskï Gorod.

Presque tous les bâtiments anciens de China Town (Kitanskï Gorod) ont de vastes caves. Ainsi, l'ancienne cour, située sur la rue Nikolskaïa, descend sur plusieurs étages. La partie droite du parcours des caves abonde d'énormes arcs, posés avec des briques, une rue souterraine s'ouvre au loin, sous des caves qui deviennent des rues souterraines de trois mètres de haut. Il y a des rumeurs selon lesquelles les caves de la cour sont à quatre sous niveaux. Avant la révolution, les entrées étaient reliées par des descentes, à travers lesquelles les charrettes passaient librement. Il y a quelques années, lors des fouilles, dans les ruines d'un ancien manoir furent retrouvées, par les chercheurs un ciseau en fer et des bijoux en verre, ainsi qu'en améthystes et des bronzes. Les breloques et bijouteries fantaisies e verre

Стѣны ограды Кремля. – Murs d'enceinte du Kremlin.

étaient très prisées en Russie à partir du Moyen-Âge.

L

Les innondations de Moscou en 1908 montaient à mi cuisse, elles ont submergé, la vieille ville, Kitanskï Gorod et le Kremlin sous des millions de litres d'eau. Et il est peu probable que des textes manuscrits aient pu survivre à cette désolation, à moins d'un miracle.

LA CATHEDRALE DU CHRIST SAUVEUR

On se doit obligatoirement de parler de la Cathédrale du Christ Sauveur, depuis 1931, on sait, grâce à Apolo Ivanov, que deux immenses tunnels partaient depuis la Cathédrale du Christ Sauveur, leur longueur était conséquente, un de 1h5 km, allait en direction de l'Est, passant sous la Place Rouge, l'autre courait vers le Sud sous la Moskova.

La Cathédrale du Christ-Sauveur, située à l'Est de l'enceinte fortifiée du Kremlin dispose actuellement de soubassements à 14 m sous terre, d'abord la Grande Salle du Conseil Religieux Orthodoxe, puis plusieurs niveaux, avec de la machinerie électrique, des salles de réunion. Il se construisit ici une piscine à l'ère soviétique, et les passages souterrains de l'époque ont tous été remblayés depuis ce moment.

Colline de gravats lors de la démolition de la Cathédrale du Christ Sauveur

La cathédrale du Christ-Sauveur (Храм Христа Спасителя), d'une hauteur de 105 mètres, et d'une capacité de 10.000 personnes, se situe à environ 10 minutes à pied du Kremlin, station de métro Kropotkinskaya. Le 25 décembre 1812, l'empereur russe Alexandre Ier, débuta le projet de cette Cathédrale, en l'honneur de la victoire du peuple Russe dans la guerre de 1812 contre l'armée de Napoléon. La dotation d'un budget alloué de 16 millions de roubles de l'époque fut insuffisante. L'empereur Nicolas Ier, qui succéda à Alexandre Ier, arrête complètement sa mise en œuvre et bloque les fonds. Ce même Nicolas Ier, changera d'avis et confie la construction du temple en 1831, à l'architecte Konstantin Ton. Décidant d'ériger une église sur le site du couvent Alekseevsky, car la cathédrale serait plus visible de tous les points de Moscou. En septembre 1839, la pose solennelle d'une pierre, et l'aménagement de l'esplanade devant le perron, sont réalisés, à la fin de l'année, plus de 20 000 mètres cubes de terrain sont enlevés de la fosse des fondations. Ces travaux vont se poursuivre et durer près de vingt ans, ce n'est qu'en 1881, avec l'amélioration du remblai et de la place face à la cathédrale, que les travaux s'achèvent enfin. La consécration solennelle de la cathédrale du Christ-Sauveur a lieu le même jour que le couronnement de l'empereur Alexandre III, le 26 mai 1883. L'intérieur de la cathédrale s'éclaire par 60 fenêtres, l'espace interne mesure 79 mètres, l'épaisseur des murs mesure 3,2 mètres. La superficie des fresques et peintures murales atteint majestueusement, plus de 22 mille mètres carrés.

Les origines de la Cathédrale du Christ-Sauveur sont intrinsèquement liées aux lieux, remontant à 1514, ici, un monastère en bois fut brûlé, et le grand-duc Vassili III, ordonna à l'architecte Alevis Fryazino, de construire une église en pierre du nom d'Alexis, l'homme de Dieu, en l'honneur du saint Metropolite Alexy. Un second incendie dévastateur, éclate en 1547, et à la demande du tsar Ivan le Terrible, le monastère est rapproché de l'enceinte du Kremlin, très exactement sur l'emplacement actuel de la Cathédrale du Christ Sauveur. En 1612, les Polonais l'ont ravagé, en 1625, le temple du monastère a dû été restauré, mais il a de nouveau brûlé, et reconstruit en 1634 pour la troisième fois. Lors de la guerre Napoléonienne de 1812, les religieuses sauvèrent leurs trésors en les enfouissant dans la terre, puis elles placèrent leurs lits par-dessus, s'y alitèrent en se peignant de maquillages simulant des plaies colorées, rappelant des maladies infectieuses terribles, les soldats français n'osèrent même pas s'approcher des nonnes, de peur de contracter une maladie mortelle. Vingt-cinq ans plus tard, les autorités russes décidèrent d'exproprier les nones afin de pouvoir démolir leur monastère. Les moniales devaient être relogées ailleurs, au monastère d'Alekseevo (Алексеевского) à Krasnoe Selo (Красное село), et le monastère féminin, couvent Alekseevsky, fut ultérieurement transféré rue Krasnoselskaya (Вéрхняя Красносéльская ýлица), au centre-est de Moscou dans le quartier de Krasnoselsky, entre la rue Lobachika et la rue Krasnoprudnaya. Au bout de la rue, au coin de Krasnoprudnaya, il y a une station de métro nommée Krasnoselskaya. Après le dernier service religieux du 17 Octobre, 1837, toutes les nones du monastère Alekseevsky, sont prêtes à partir, les ustensiles monastiques et affaires personnelles chargées sur des chariots, mais la supérieure du monastère n'apparaît pas. L'abbesse s'est enchaînée à un gros chêne dans la cour, refusant de quitter les lieux, on doit finalement l'expulser par la force, fermement maintenue par les forces de l'ordre, dans une scène pathétique. La supérieure du couvent se retourne et dit : « il n'y aura rien ici qui ne pourra exister plus de cinquante ans ». Comme le prédit la religieuse, qui en quelque sorte maudit le lieu de la future construction, la cathédrale n'a survécu que 48 ans, l'abbesse avait dit qu'il serait écroulé avant cinquante ans, et ce fut effectivement le cas.

Colline de gravats après le dynamitage de la Cathédrale du Christ Sauveur

Sur l'ordre personnel de Joseph Staline, le 5 décembre 1931, l'édifice sacré de la Cathédrale est dynamité pour y construire l'immense palais des Soviets (Дворец Советов, Dvorets Sovetov), le futur édifice à la gloire du socialisme prolétaire, devant devenir le monument le plus haut du monde, avec une hauteur démesurée de 415 mètres, sur le toit duquel, prônerait une statue de Lénine géante en bronze. S'il avait été achevé, celui-ci serait devenu la plus haute structure jamais construite à l'époque. De 1931 à 1936, le lieu saint dynamité, laisse place à une colline de gravats si grande que les soviets doivent y accoler des échelles de bois sur rallonges pour monter au sommet. Le chantier dédié à la grandeur prolétaire soviétique, débuta dès 1937 et à la fin de 1939, la construction de la fondation, est profonde, de plus de dix mètres. Les armatures des premiers étages s'élèvent, lorsque la guerre survient en 1941. Les structures métalliques sont réutilisées pour l'effort de guerre et on recycle le bétonnage réduit en gravats. Les travaux n'ont jamais repris, mais après la guerre, entre 1958-1960, une piscine de plein air baptisée piscine Moskva est construite dans la fosse des fondations, laquelle allait devenir la plus grande du monde, demeurant en service jusqu'en 1994.

En 1990, le Saint-Synode de l'Eglise orthodoxe russe bénit le projet de renaissance d'une nouvelle Cathédrale du Christ Sauveur, et fait appel au gouvernement russe pour le subventionner. En 1991, une chapelle temporaire vouée à l'adoration de la Mère de Dieu, est assemblée sur l'emplacement de l'autel de la future cathédrale, la chapelle fut ensuite démolie. En 1992, le président russe Boris Eltsine signe un décret, sur la création d'un fonds pour la renaissance de Moscou. En 1994, le gouvernement de la capitale, avec le Patriarcat de Moscou, conclut un accord sur la reconstruction à l'identique, de la Cathédrale du Christ-Sauveur. La piscine est démantelée, le 7 janvier 1995, la première pierre de la cathédrale est scellée. La grande consécration solennelle des lieux saints par Sa Sainteté le Patriarche Alexis II, bénit son inauguration du 19 août 2000.

Parmi les Grands Trésors spirituels intemporels inestimables, que renferme la cathédrale du Christ-Sauveur, un nombre important de très Saintes Reliques est exposé :

Un morceau de la robe de Jésus-Christ (частица Ризы Иисуса Христа) ;

Un morceau de la robe de la Vierge (частица Ризы Богородицы) ;

Les reliques de saint Andreya Pervozvannogo (частица мощей апостола Андрея Первозванного) ;

La tête de St Ioann Zlatousta (глава святителя Иоанна Златоуста) ;

Une des miraculeuses icones de la Vierge de Vladimir (один из чудотворных образов Владимирской Божией Матери) ;

L'icône miraculeuse de la Mère de Dieu de Smolensk-Ustyuzhenskaya (чудотворный образ Смоленской-Устюженской Божией Матери) ;

L'Icône de la Nativité, apportée par le Patriarche Alexis de Bethléem (икона Рождества Христова, привезённая патриархом Алексием из Вифлеема) ;

Six toiles de V. P. Vereschagin (шесть полотен художника В. П. Верещагина) ;

Le trône de saint Tikhon, patriarche de Moscou et de toute la Russie, situé dans l'autel principal (трон святителя Тихона, Патриарха Московского и всея Руси в главном алтаре) ;

Une icône des nouveaux martyrs et confesseurs de l'Eglise Russe (икона собора новомучеников и исповедников Церкви Русской) ;

Un clou provenant de la croix du Christ…les croyants du monde entier viennent pour prier et s'y recueillir avec grande dévotion.

Les reliques des saints, Pierre, métropolite de Moscou et Jonan, métropolite de Moscou, le Saint Prince Aleksandre Nevski et Mihail Tversky, Marie l'Egyptienne (частицы мощей святителей Петра, митрополита Московского и Ионы, митрополита Московского, святых благоверных князей Александра Невского и Михаила Тверского, преподобной Марии Египетской :

Les saint-Vestiges du Metropolite Philarète de Moscou Drozdov, (Св. мощи митрополита Московского Филарета -Дроздова) ;

Les Reliques de Saint Alexandre Nevski, (Мощи Блгв. вел. кн. Александра Невского) ;
Les reliques du Saint Metropolite Jonan de Moscou (Мощи Свт. Ионы митр. Московского) ;

Les reliques du Saint Prince Vladimir, (Мощи Равноап. вел. кн. Владимира) ;

Les reliques de Saint Mihail Tversky et de Marie l'Egyptienne, (Мощи Прп. Марии Египетской и Блгв. кн. Михаила Тверского) ;

Les reliques de Saint Pierre le métropolite de Moscou, (Мощи Свт. Петра Митрополита Московского) ;

Les reliques de Saint Basile le Grand, (Мощи Свт. Василия Великого) ;

Les reliques de Saint André, (Мощи Ап. Андрея Первозванного) ;

Les reliques de Saint Jean Baptiste, (Мощи Иоанна Крестителя) ;

Les reliques de Sainte Euphémie Vsalva, (Мощи Влкм. Евфимии Всехвальной) :

Les reliques de Saint Grégoire le Théologien, (Глава свт. Григория Богослова) ;

Les reliques du Saint grand martyr Feodor Stratilate, (Мощи Св. вмч. Феодора Стратилата) ;

Les reliques du vénérable Saint Michel Malenin, (Мощи Преп. Михаила Малеина) ;

L'ensemble reliquaire et les fresques ont une valeur spirituelle incalculable par la communauté chrétienne toute entière, constituant un bien matériel et immatériel sans prix, spirituel, intemporel, un fragment de l'âme collective chrétienne.

Cathédrale du Christ Sauveur en 1860 vue depuis le Kremlin.

LES SARCOPHAGES DES TZARS VIDES

La Cathédrale de l'Archange-saint-Michel, prône au Kremlin, au rez-de-chaussée de cette dernière, s'alignent les sarcophages vides des 47 tsars. Ici, reposaient seuls, pendant des siècles, les princes de Moscou et les tsars russes, depuis Ivan 1er Kalita, à Pierre II. Le dernier refuge pour leurs mères, épouses, filles, princesses et impératrices, était le monastère de l'Ascension. Désormais, les tombeaux avec les corps, masculins et féminins, sont rangés dans le sous-sol de la cathédrale, car ce que les touristes voient lors de leur visite, ne sont juste que des couvercles en pierre sur des coffres vides. Les corps sont au grand sous-sol. La cathédrale de l'Archange-Saint-Michel (Архангельский Собор) fut édifiée entre 1505 et 1508, intra-muros dans l'enceinte du Kremlin, occupant l'emplacement de plusieurs sanctuaires successifs, jadis en bois puis en pierre, tous voués à l'Archange Saint-Michel, depuis qu'Ivan 1er Kalita, y a été inhumé en 1340.

L'histoire de la cathédrale de l'Archange Michel du Kremlin de Moscou remonte au XIVème siècle, grâce au premier grand prince moscovite, Ivan Kalita, qui pose en 1333 la première pierre des fondations. Elle est dédiée au Saint Archange Michel, honoré en Russie depuis les temps anciens, comme le saint protecteur des guerriers et des princes dans leurs exploits. Une nouvelle cathédrale majestueuse sera érigée par la suite entre 1505-1508 à l'endroit de l'ancienne église sous la direction de l'architecte vénitien, Alosius le Jeune, invité à la cour.

La vocation de la cathédrale de l'Archange Michel, depuis sa conception, jusqu'au XVIIIème siècle, est de devenir le sépulcre des princes et des tsars moscovites, elle accueille la dépouille du premier Tsar russe, Ivan le Terrible et de ses deux fils, ensevelis dans le sépulcre, juste devant l'autel. Depuis le XIIIème au début du XVIIIème siècle, la décision fut prise et perpétuée pour les grands-princes de Moscou et de Vladimir, puis les tsars de Russie, l'inhumation dans la cathédrale de l'Archange-saint-Michel, un des édifices religieux sacrés du kremlin. Il convient de mentionner parmi les reliques les plus honorées, en ce lieu, celles du prince Saint Mikhaïl de Tchernigov qui périt, en combattant la Horde d'or, et celles du Saint Tsarévitch Dimitri, fils cadet d'Ivan le Terrible. La cathédrale est ornée d'une fresque murale, peinte pendant le règne d'Ivan le Terrible. Seuls de petits fragments de la peinture ancienne sont conservés jusqu'à nos jours. En 1652-1666 la cathédrale est rafraichie par de nombreux artisans russes sous la direction du peintre et maître Simon Ouchakov. Toutes les icônes sont restaurées par les artisans du Palais des Armures. Plusieurs icônes anciennes sont conservées. L'icône L'Archange Saint Michel dans ses exploits, réalisée vers 1399 est fixée à droite de la Porte royale. L'icône est peinte selon la légende à la demande de la veuve de Dimitri Donskoy, Eudoxie, en mémoire du grand prince et de sa victoire sur le champ de bataille de Koulikovo. Sur le côté sud, de la cathédrale de l'Archange-Saint-Michel, il y a une annexe plus récente, de deux étages, érigée en 1832. Sous cette annexe, sont conservées d'anciennes chambres souterraines, partiellement situées sous le trottoir et la chaussée de la route gouvernementale. Construites en briques avec des plafonds voûtés, elles datent de la fin du XV, et du début du XVIe siècle. Vraisemblablement, ce bâtiment faisait partie de l'ancienne cour du Trésor. Depuis 1929, dans les sous-sols adjacents, sont placés à l'intérieur, les sarcophages en pierre blanche contenant les restes des grandes princesses russes et des reines. Au cours de la seconde moitié du XXe siècle, au travers des chambres, sous leurs arcades, des câbles téléphoniques pour les communications gouvernementales ont été fixés, puis les câbles d'alimentation électrique du musée. Cela a non seulement violé l'aspect architectural du monument, mais dégradé l'état général des lieux. En raison de la destruction de l'ancienne étanchéité et du manque de ventilation, il y a eu d'anciennes et constantes infiltrations, d'eau pendant plusieurs décennies, le gel, la salinisation de la maçonnerie des murs et des arcs, ont conduit à la destruction progressive des chambres et sarcophages contenant les royales dépouilles. La mise en œuvre des travaux de restauration a été entravée pendant de nombreuses années en raison du passage des communications techniques au travers elles, et de l'emplacement d'une partie des chambres sous la route empruntée par les véhicules des dignitaires du gouvernement.

Cathédrale du Vhrist Sauveur

LE RETOUR DES EPOUSES ROYALES

La première grande dame à être été inhumée au monastère de l'Ascension, fut l'épouse de Dimitry Donskoy, la princesse Eudoxie, qui fonda le monastère. Furent également inhumées, Anastasia Romanova, épouse d'Ivan le Terrible, sa mère Elena Glinskaya, sa grand-mère, la princesse byzantine Sophie Paléologue, sa belle-mère, Uliana, Maria Miloslavskaya et la mère de Pierre Ier, Natalia Naryshkina. Tandis que dans une autre partie, dans une tour, reposait la plus jeune des filles royales. Pendant la période soviétique, au XXe siècle, les tombeaux des princesses de Moscou et tsarines jusqu'au XVIIème siècle, puis grandes-duchesses mais aussi des nones moniales jusqu'au début du XXème siècle, furent transférés dans les immenses soubassements inaccessibles de la cathédrale, qui ne sont pas visibles au public. Elles reposent désormais à côté de leurs époux et proches, pour demeurer tous ensemble réunis, dans la grande nécropole. Les tombeaux vides des premiers tsars de la dynastie des Romanov, placés contre le pilier nord-ouest de cette la cathédrale de l'Archange-Saint-Michel sont l'objet d'une grande vénération. C'est en 1929, lors de la destruction du couvent, où étaient inhumées les souveraines sous l'église du monastère de l'Ascension, que leur déplacement se décide. Les sarcophages en pierre avec les restes des grandes-duchesses, furent transférés. Au total une centaine de sarcophages, pesant environ 40 tonnes, ont été presque manuellement emportés dans la cathédrale de l'Archange-Saint-Michel. Une brèche fut percée dans le sol, juste sous l'arche, pour les descendre une à une, dans la chambre souterraine. Selon la légende, quand les ouvriers soulevèrent le couvercle du sarcophage et forcèrent le cercueil royal de Marfa Vassilievna Sobakina (Марфа Васильевна Собакина) la tsarine née en 1552 et morte en 1571, troisième épouse de Ivan IV de Russie, dit le Terrible, à la surprise de tous, un corps entièrement préservé apparut, comme si la reine était endormie, mais dès que l'air toucha le corps, il s'effondra instantanément en poussière.

A l'époque soviétique, le Kremlin est dévasté, sont détruits, le Monastère de la Résurrection et les édifices adjacents, le couvent de moniales, cinq églises, la résidence du patriarche de Moscou, le petit palais Nicolas, un monastère d'hommes, des cimetières de religieux. Les coffres et pierres funéraires servirent même pour reconstruire des édifices pour les soviets qui les insérèrent dans les fondations. Finalement tous les tombeaux princiers et royaux, furent restaurées dans les années 60 et 70, par les autorités soviétiques, de même que ceux des grandes-princesses, tsarines et grandes-duchesses, mais ces dernières demeurèrent dans la crypte sous les soubassements et ne devaient pas avoir vocation à être exposées en surface. On sait selon les témoignages des ouvriers que les sépultures furent toutes ouvertes, étaient-ils à la recherche de joyaux ? Où étais-ce dans un dessein symboliquement profanatoire ? On ne sait pas.

Dans les années 1990, des travaux sur l'étude des tombes royales furent lancés. Environ 56 sarcophages sont ouverts et analysés. Il s'est avéré que les reines et les princesses étaient exposées à des substances à haute teneur de plomb, de sels de mercure d'arsenic. Les géochimistes ont mené une analyse spectrale d'une jeune fille, magnifiquement préservée, avec des cheveux noirs splendides, Anastasia Romanova, décédée subitement très jeune, à l'âge de 26 ans. Les scientifiques mesurent une forte teneur en sels de mercure dans ses cheveux, elle dépasse la norme plusieurs dizaines de fois. Ces sels étaient si concentrés, qu'ils avaient également imprégné des morceaux de linceul, figurant en abondance dans les restes décomposés, au fond du sarcophage en pierre d'Anastasia, elle décéda sans doute en raison d'un empoisonnement criminel, ce qui était courant à l'époque.

Dans les cheveux roux d'Elena Glinskaïa, la seconde femme du grand-prince Vassili III de Moscovie, devenue pendant quatre ans, régente de la Russie, au nom de son fils Ivan, il fut aussi analysé une forte abondance de mercure. La teneur en arsenic dépassait aussi la norme de 10 fois la valeur habituelle. Tous les records furent battus aux résultats des analyses au plomb, les lectures des résultats obtenus s'imprimaient hors échelle.

Maison Boyaroff dans le Kremlin

DES GALERIES A PERTE DE VUE

Sur décision des autorités Russes, les couloirs secrets du Kremlin et de Moscou, furent fermés dans les années 30 (подземных проходов Москвы в XX веке. В 30-е годы Кремль был закрыт), ce fut en effet la volonté des soviets, que de remplir de terre tous ces boyaux intestinaux du sous-sol. Pourtant, dans la réalité, les hommes n'ont jamais cessé de bâtir sous la terre dans d'infatigables et gigantesques chantiers sans fin, le contexte de guerre froide s'y prêta.

Les mages et voyants russes, se sont penchés avec des pendules, sur tous les 27 hectares du Kremlin. A cela, il y a plusieurs raisons, en premier, la recherche de trésors cachés, la seconde, la possible découverte de la Bibliothèque d'Ivan le Terrible et de ses 800 manuscrits, historiques, religieux. Les voyants signalèrent des emplacements variés, suggérèrent la violation de sépultures, mais ils n'obtinrent que peu d'audience. Cette déconvenue fut attribuée aux puissants sortilèges et enchantements, des sorciers d'Ivan le Terrible et de ses successeurs. La magie, disaient-ils, protégeait les entrailles du Kremlin, cela ne découragea pas les voyants au XX° siècle comme ceux des 600 ans précédents. La dernière grande campagne confiée aux magiciens dans l'enceinte du Kremlin date des années 90 sous la présidence Eltsine.

En août 2015, le président Poutine ordonna la destruction du palais des Soviets, un bâtiment nommé Numéro 14, dont on trouva dans les fondations, les pierres des églises et monastères détruits en 1929, réutilisées dans la construction du siège du Soviet suprême érigé en 1932, construit à l'emplacement de deux lieux saints, le couvent de l'Ascension et le monastère Tchoudov. Parmi ces fondations, figurent des pierres tombales gravées provenant de sarcophages princiers. Dans les sous-sols du Bâtiment 14, se trouve aussi la nécropole du monastère, les fondations de l'église et le réfectoire du monastère Tchoudov détruits par les bolcheviks en 1929. Le monastère Tchoudov, a une riche histoire. Le patriarche Hermogène y mourut de faim dans ses murs, en 1812, ce monastère a été utilisé comme quartier général par Napoléon et ses généraux, de nombreux grands ducs russes et des responsables orthodoxes sont enterrés sur le territoire du monastère, en faisant un lieu d'histoire unique. La chaîne culturelle de télévision Kultura, annonça qu'après la démolition de l'ancien bâtiment n° 14 du Kremlin de Moscou, un bâtiment administratif construit entre 1932 et 1934, à l'endroit où se trouvait jusqu'à sa démolition en 1929 le monastère du Miracle, ainsi que du petit Palais de Nicolas, ont commencé des fouilles qui ont, déjà à ce stade initial, permis de retrouver les fondations de l'ancien monastère. Les experts soulignent que les restes des constructions anciennes sont particulièrement bien conservés, elles ont même gardé leur peinture blanche originale. Les chercheurs attribuent cet état aux techniques utilisées par le régime soviétique pour édifier le bâtiment n° 14. Après la démolition des bâtiments du monastère Tchoudov et du palais de Nicolas, tout le territoire a été nettoyé, comblé de sable et recouvert d'une chape de béton. Constituant un coffrage de protection qui permit de conserver dans un parfait état, les éléments de construction du XVIIe siècle. L'épaisseur moyenne de cette dalle de béton était d'une soixantaine de centimètres, son percement a causé quelques problèmes aux chercheurs. Des spécialistes ont percé ce bouclier, durant toute une semaine, à l'aide de marteaux hydrauliques spéciaux. Ce sont 100.000 tonnes de béton et de métal qui ont ainsi été enlevés avant d'atteindre la construction datant de la fin du XVIIIe siècle, de l'architecte Mathieu Kazakov commandée par l'archevêque, puis métropolite de Moscou Platon Levchine (1737 – 1812). Le bâtiment était situé sur le territoire du monastère du Miracle qui, depuis la décision du Saint-Synode de 1774, était la résidence de l'évêque ordinaire du diocèse de Moscou. Plus tard, en 1817, ce bâtiment fut transféré à l'Administration du Palais et devint en 1818, la résidence du grand prince Nicolas Pavlovitch, futur empereur Nicolas Ier. C'est dans ce palais qu'en 1818 naquit son fils, le futur empereur Alexandre II. De 1874 à 1878, ce palais fut restauré par l'architecte Nicolas Chokhine, à qui l'on doit les descriptions architecturales et les plans, des bâtiments du Kremlin aidant aujourd'hui les chercheurs à identifier les trouvailles réalisées et à planifier les futurs travaux de restauration. La précédente campagne de fouilles sur la partie inférieure de la colline Borovitsky aboutit à des trouvailles archéologiques datées de la fin du XIV° siècle et se poursuivant jusqu'au XVIII° siècle. On a alors déterré une importante quantité de rondins de maisons d'habitation, souvent brûlés au cours des nombreux incendies qu'a connus Moscou. Autrefois, on a aussi retrouvé des caves avec l'escalier qui y conduit et récolté des artefacts identiques après la démolition du bâtiment n° 14 : des morceaux de pièces de céramique, des parties de bijoux, des stylets anciens, etc. Mais les experts retiennent surtout la découverte des restes d'une ancienne église du monastère Tchoudov, l'église dédiée à saint Alexis, métropolite de Moscou. s souterrains demeurent fermés par des grilles durant des siècles, d'autres sont murés depuis les années 50. Personne ne sait exactement où ils aboutissent. Une issue mènerait directement sur les quais de la station Kitaï-gorod, derrière le magasin Goum au Nord-Est, à environ 700-800 mètres des murs du Kremlin, après la Place Rouge. Un autre court mystérieusement vers la Cathédrale du Christ Sauveur. Un corridor porte au Nord en direction du Théâtre du Bolchoï.

Aujourd'hui, plusieurs niveaux de sous-sols se superposent sous le kremlin, certaines galeries sont endommagées, il y a des pièces plus récentes, aménagées en cas de bombardement souffrant de l'humidité résiduelle, des couloirs pour les goulottes électriques vétustes, un métro, un corridor en excellent état, par où circulent des voiturettes électriques desservant les ascenseurs privatifs du siège du gouvernement. Toutes les tours du Kremlin sans exception, possèdent de vastes sous-sols, quelques passages sous les murs servent encore, mais la plupart des chambres fortes du Kremlin restent encore inexplorées, bien que de nombreuses excavations eurent lieu, ainsi que des démolitions de bâtiments entiers. Le Kremlin n'est d'ailleurs pas le seul lieu à avoir des corridors étendus, tout le centre-ville est déjà traversé de grottes naturelles creusées par le lit de la rivière venant du nord de la ville. Un autre labyrinthe de béton armé plus moderne, situé à 18 étages de profondeur, soit quelque 65 mètres dans les entrailles de la ville, vit le jour, et ce, bien avant la construction du métro de Moscou, début des années 30. Le Métro Moscovite, aujourd'hui composé de 171 stations, sur 280 kilomètres de voies, reçoit 9 millions de passagers par jour.

Monastere Tchoudov en 1917

Un grand nombre d'installations souterraines ont été aménagées à Moscou en ce début du XIXe siècle. Depuis des temps immémoriaux, la célèbre rivière, appelée Neglinka, coule librement sous la surface du district de Marina Roscha, puis descend fougueusement au centre de la ville, avant de se jeter dans la Moskova, en caressant les flancs du Kremlin. Dans les années 1870, le canal de la rivière Neglinka fut exploré par Vladimir Guiliarovski, célèbre journaliste russe, composant un des premiers reportages sur l'état des lieux, il observe : « des murs de briques humides couverts d'une boue épaisse, avec tout le long, des tas de déchets, si profonds et gluants qu'ils pouvaient piéger n'importe qui ». À l'époque, la Neglinka, était submergée par les ordures de la ville, et ses eaux débordaient fréquemment en raison de cela, problème qui allait être complétement résolu dans les années 1970. Malgré la canalisation des eaux, l'immense territoire du Kremlin conserve un taux important d'humidité.

Magasin GOUM sur la Place Rouge

Place Rouge vue depuis le Nord, à gauche le magasin GOUM

Pont en face de la Place Rouge

Bibliotheque d'Etat de Moscou. Maison Pachkov (Дом Пашкова) est un palais néoclassique de Moscou, construit par
Vassili Bajenov entre 1784-1788 situé rue Mokhovaïa, en 1900.

Porte d'entrée Nord sur la Place Rouge.

LA LIGNE SECRETE DU METRO NUMERO DEUX

En portant de l'intérêt à des accès cachés, les chercheurs découvrirent un autre secret bien gardé, un métro spécial pour l'évacuation du chef de l'Etat, qui servit jadis à conduire Staline du Kremlin à sa datcha de Kountsevo, où Staline mourut en 1953, ce métro spécial, desservit par la suite la résidence de campagne du président Eltsine.

Durant l'été 1992, le journal Iounost (Юность), publie un article au sujet d'un roman de Vladimir Gonick, l'écrivain affirme qu'il a rédigé son œuvre, de 1973 à 1986, certaines informations sur les passages de tunnels spéciaux et leur localisation dans le texte du roman furent délibérément déformées, mais émanent de renseignements bien réels. Dans une interview donnée au journal Kommersant en 1993, consécutivement à la présentation de son livre, l'écrivain Vladimir Gonick, admet que le terme de Metro-2 de Moscou, dont il parle dans son roman, a été écrit sur la base de la collecte d'informations pendant vingt ans au sujet des souterrains secrets de la ville. Plus tard, l'écrivain Vladimir Gonick, affirme que les bunkers du soi-disant Metro-2, devaient servir à contenir les membres de la direction du Bureau politique et du Comité central du Parti communiste, ainsi que les membres de leur famille en cas de guerre. Selon lui, le secrétaire général du Comité central du PCUS, Leonid Brejnev aurait personnellement visité les souterrains, au début des années 1970, ainsi que le bunker principal. À Kuntsevo pendant la guerre, un autre bunker souterrain similaire, fut fabriqué pour le commandant suprême. Des informations sur ce bunker peuvent être trouvées dans la revue Profile N°9 (81) du 9 mars 1998. Un bunker gigantesque fut assemblé près de la station du Parc Izmaïlovo à plus de 37 mètres sous terre. Dans ce bunker, chaque membre du comité central du PCUS, disposait de ses appartements de 180 m², avec un bureau, une salle de repos, une salle à manger et une salle de bains. Gonik, prétend, détenir ces informations, d'un médecin ayant recueilli les témoignages de ses patients, et exerçant comme docteur, dans une polyclinique du ministère de la Défense. L'immense complexe construit près de la station du Parc Izmaïlovo à 37 mètres sous terre, est le fameux bunker de Staline construit sous un stade, dont l'édification servit à conserver secret cet édifice. Devenu aujourd'hui un site touristique visitable, il dispose même d'un restaurant pour amateurs du genre. Avec ses 93 000 mètres carrés de surface, sous 4 niveaux de profondeur il serait relié au kremlin par la voie de Métro secrète numéro deux. En outre l'accès est possible par la ligne bleue du Métro Moscovite ordinaire, ligne du nom d'Arbatsko-Pokrovskaïa. Environ 597 ouvriers ont travaillé ici, entre février et novembre 1942, par une profondeur de 37 mètres, équivalente d'un immeuble de 12 étages, ils ont coulé 10 000 tonnes de béton, réalisé une chape de six mètres d'épaisseur de béton, avec au milieu une large couche de sable, puis riveté des plaques d'acier doublées de plomb avec un coffrage de 1,5 mètres, et posé 5 000 tonnes d'armatures métalliques, dans le plus grand secret. Après la publication du roman, en 1992-1993, certains passages se référant aux installations souterraines et aux lignes du Metro-2, furent classés secret défense (Совершенно секретно).

Des textes furent enlevés des publications des médias russes, par les organes de la censure d'Etat, en particulier, des articles déjà publiés dans le magazine Ogonyok. On sait que le vrai nom du circuit du Métro numéro deux, était D6, pour les autorités de l'Etat Soviétique. Le nom générique Métro-2, englobe un système des tunnels secrets, que l'on peut comprendre dans le site internet réalisé par Artemy Lebedev, une section complète sur ce métro deux, qui est rédigée par Youri Zaitsev. Il y a aussi un schéma secret des lignes très intéressant, divulgué dit-il, par des cheminots. Selon ces données, plus de 150 kilomètres de lignes ont été posées à Moscou, dont une voie de 60 kilomètres vers Tchékhov, et les aéroports de Vnoukovo et Domodedovo.

Dans le quartier de Taganka, sous un immeuble d'habitations tout à fait ordinaire, le KGB gardait l'entrée d'un bunker situé à 60 mètres sous terre, aussi profond qu'un immeuble de 20 étages. Ici 3 000 personnes pouvaient vivre en autonomie durant 90 jours. Commencé en 1946 et achevé en 1952, deux mille cinq cents personnes y travaillent avec une permanence de 300 à 625 personnes minimum par roulement en alternance de rythme 3x8 d'équipes présentes 24h/24h, un jour de travail puis quatre jours de repos. Durant 33 ans, ce bunker fut le Centre de Commandement Militaire Secret « G.O. 42 ». Des tunnels avec des parois métalliques rivetées doublées de plomb devaient absorber les radiations électromagnétiques, flanquées d'un coffrage de béton de 1,50 mètre. L'évacuation d'urgence, rejoint les lignes du métro public. Cette sortie de secours, qui ne figure pas sur les plans officiels, est toujours en service aujourd'hui, une simple palissade de bois peinte en bloque l'accès, débouchant sur la voie de passage du Métro qui est en service tous les jours.

En 1941, une bombe aérienne détruisit le chevauchement de la ligne Filevskaya. Cela fut l'une des raisons de la construction d'une section redondante, avec des fondations profondes de la ligne Arbat-Pokrovskaya, jusque dans les années 1950. Probablement, en même temps commença la construction d'une ligne profonde spéciale reliant le complexe de Ramenki, plus les bunkers sous l'état-major général et le ministère de la Défense, dont diverses constructions annexes figurent dans la partie centrale de la ville.

Le Metro-2 ou D-6 appelé à l'époque soviétique Système Souterrain, est strictement classé, il est presque impossible de donner une description précise des 150 km secrets de lignes, et de l'emplacement des stations. Cependant, les personnes qui ont recueilli et traité des informations sur cette question affirment que 3 grandes branches sont constamment en activité ou temporairement suspendues à Moscou. La ligne la plus ancienne, aurait été construite après la Grande Guerre patriotique (1941-1945), elle achemine ses passagers du Kremlin à la résidence d'été de Staline de Matveïevski. À l'époque de Khrouchtchev, les voies spéciales étaient déjà utilisées entre l'état-major général, le ministère de la Défense, et le ministère des Affaires étrangères, reliant le bunker du ministère des Communications et encore plus loin, l'aéroport Vnukovo-2, jusqu'à rejoindre la ville souterraine de Ramenki. Selon des données non officielles, Ramenki, est située à 2 km au sud-ouest de la capitale, elle peut accueillir jusqu'à 15 mille personnes. Creusée à une profondeur de 70 à 100-200 mètres dit-on, on y stockait des vivres suffisants pour la survie de plus d'une dizaine de milliers de personnes, durant 25 à 30 ans. Le Metro-2, était la voie spéciale conçue pour survivre à un bombardement nucléaire, le seul accès secret, se connectant également avec le sous-sol du bâtiment de l'Université d'Etat de Moscou. Les chercheurs établirent qu'il communique avec des tunnels, établissant la liaison entre l'état-major de la défense aérienne à Myasnitskaya et le poste de commandement de la défense aérienne centrale dans le village de Zarya, dans le district de Balashikha. Il existe également des données sur des routes reliant l'Académie de l'état-major général, au KGB devenu aujourd'hui le FSB, puis Kubinka, Vozdvizhenka et Smolenskaya Square, l'aéroport Sheremetyevo, Barvikha, et d'autres lieux. A un moment donné, tous ces réseaux se justifiaient car l'URSS se préparait à une attaque nucléaire, l'Arme Atomique, étant devenue une des grosses obsessions de Staline. La ligne du métro numéro deux nait dans la zone du Kremlin à la Place Arbat au Nord-Est, puis s'étend au sud-ouest parallèle à la ligne Sokolniki devant le bâtiment de l'état-major général, sur le remblai de Frunzenskaya à Luzhniki. Ensuite, la ligne passe sous le fond de la rivière de Moscou, et se relie à la ligne Sokolniki, à travers un tunnel. L'ensemble du système est conçu pour évacuer les hauts responsables du pays lors de bombardements éventuels de la ville. Sous le nouvel Arbat, se trouve encore le train blindé du chef des peuples, avec une locomotive en état de marche. La place de l'Arbat (Арбатская площадь), est une des places les plus anciennes de Moscou. Elle se situe à la jonction de la rue de l'Ascension (Vozdvijenka), de la rue Arbat et du nouvel Arbat. Elle est desservie par la station de métro Arbatskaïa, sur la ligne Filiovskaïa. Elle disposerait aussi de cette seconde ligne de métro secret numéro deux. Par ailleurs, les lignes Metro-2, menant à l'état-major général, un complexe de bunkers à Izmailovo et à Ostankino, peuvent également être utilisées comme routes automobiles, car les rails dans ces tunnels, sont noyés dans un matelas en béton, et les véhicules peuvent facilement les traverser sur des roues, des chars aussi.

Il est à signaler que toutes les trouvailles auxquelles participa Stelletsky durant l'excavation du métro dans les années 30-40, furent scellées par les agents du NKVD, au fur et à mesure de ses découvertes. On peut donc en déduire à juste titre, qu'ils se servirent de lui pour faire disparaitre les tunnels qu'il portait à leur connaissance et que jamais il ne comprit la vocation réelle de sa mission. Etant vouée à l'échec dès son prélude, la mission confiée à Stelletsky émanait de la démarche des bolcheviques visant à clôturer le dossier de la sécurité des dirigeants du pays. Empêcher les intrus de s'introduire dans le Kremlin par le sous-sol. Jamais personne n'avait cru en l'existence d'une bibliothèque antique, dont la révolution prolétaire n'avait pas besoin, à plus forte raison si elle devait comporter des ouvrages religieux.

Москва. — Moscou. № 183.
Красный мост. Вид на Кремль. — Pont-Rouge. Vue du Kremlin.

Un bon jour de Moscou, le 17-I-08

CONCLUSIONS

Si l'on prend en considération l'inondation des souterrains du Kremlin en 1908 et 1930, et le grand incendie du 14 au 18 septembre 1812, qu'il fallut finir d'éteindre au départ des français, les dégâts qu'ils firent en faisant sauter les tours et les bâtiments du Kremlin, il y a fort peu de chances que des documents en papier ou des livres datant de plus de six cents ans aient pu parvenir jusqu'à nous sans dommages. Il y a des trésors légendaires, qui sont recherchés pendant des centaines d'années et ne peuvent être trouvés. D'autres fortunes apparaissent subitement, tout comme à Leningrad, du temps de l'URSS, lors de travaux dans la galerie marchande Gostiny Dvor (Гостиный двор), littéralement Cour des Invités, therme générique en Russie, désignant un marché couvert de gros ou un centre commercial, des ouvriers firent une trouvaille en 1965. Environ 115 kilogrammes d'or furent dénichés, en huit lingots d'or pur.

Les lieux où furent ensevelies des richesses, sont apparemment bien connus. Ils sont mentionnés dans les chroniques anciennes, leur existence est confirmée par des légendes que les gens transmettent de génération en génération. L'histoire du célèbre voleur Leonid Panteleev de Saint-Pétersbourg est un exemple de ce qui se passait dans les années troubles. Jusqu'en 1922, Lyonka était soldat de l'Armée rouge, il servit dans la Tcheka. Mais en fut exclu, ce qui était fort rare. Il continua ses activités professionnelles de voleur à Saint Pétersbourg, la police captura Panteleyev et l'incarcéra, mais il s'échappa en novembre 1922 de la prison de Krestov, c'est l'unique évasion connue de cette prison légendaire. Lyonka, va réaliser 35 vols à mains armée consécutifs à son évasion, ne dédaignant pas quelques meurtres à l'occasion. Dans la nuit du 12 février 1923, les agents de police le capturent, puis l'abattent pendant sa détention, tentant de lui faire avouer où se trouvait son magot en bijoux et pièces d'or estimés à 150 000 dollars de l'époque. Les zones de recherche principale des historiens, sont les donjons au centre de Saint-Pétersbourg, les caves d'Alexander Nevsky Lavra et les catacombes Ligovsky. Mais il est fort peu probable qu'il n'ait pas avoué l'emplacement à ses geôliers, l'OGPU savait se montrer très persuasifs.

Dans des temps anciens, au siècle romantique, la maison Pashkov, qui émerge de la colline Vagankovsky, (Ваганьковском холме - Москва), recevait l'élite de la haute bourgeoisie, pour des soirées élégantes. Sur la colline, la maison Vagankovsky Pashkov, se hissait autrefois une résidence de la cour d'Ivan le Terrible (Иван Грозного). Selon certains chercheurs, il s'y trouve un abri souterrain secret, construit pour stocker en cas d'incendie, le trésor des Grands Princes, la police secrète du tsar y tortura aussi les opposants au monarque. La première fois que la construction du métro de Moscou déboucha sur les galeries qui se trouvent sous la Bibliothèque Lénine, les constructeurs ont ouvert un vieux passage en briques. Malheureusement, les archéologues n'ont pas été autorisés à le déterrer, et l'entrée a été cimentée à la hâte.

Ce n'est que dans les années 1980 que des études géophysiques détaillées sont réalisées à la demande du Centre de Recherches Archéologiques de Moscou. Sous le bâtiment Pashkov, l'actuelle Bibliothèque Lénine, les historiens localisent une étrange anomalie. Les fosses creusées ont permis de découvrir un site archéologique unique : un immense puits, d'un diamètre de 8 mètres et d'une profondeur d'environ 15 mètres, délimité par une pierre blanche. Selon les instruments géophysiques, la profondeur totale de cet étrange puits, sur les murs duquel on pouvait voir les restes d'un escalier en colimaçon, était de 25-30 mètres. On suppose que, très probablement, c'est l'entrée des systèmes souterrains de l'ancienne Moscou du XV° siècle. Du fond du puits mystérieux, partent des galeries souterraines dans toutes les directions, L'une d'entre elles, peut-être le début de nouvelles découvertes. Mais le travail de nettoyage du puits et la recherche archéologique a été interrompue, et le secret du puits n'a jamais été divulgué.

Dans l'histoire de la Russie, il y a beaucoup de légendes sur les trésors cachés par les bandits. Les chasseurs de reliques et de butins cherchent encore à percer la légende du voleur Kudeyar et les richesses de ses pillages, cachées par lui et sa bande de voleurs sur le territoire de la région de Tula à 150 km au sud de Moscou. Selon une version, Kudeyar, serait le frère cadet d'Ivan le Terrible, né de la première épouse du tsar. Mais l'histoire officielle, nous apprend qu'il n'y eut qu'un unique frère officiel, Yuri Vasilievich (Octoберий Васильевич). Il était le seul frère d'Ivan le Terrible, né sourd, il n'a donc jamais été considéré comme un candidat potentiel, héritier du trône russe. Il a gouverné la principauté d'Ouglitch sur la Volga, d'où son surnom de Yuri d'Ouglitch. Selon une légende, un nouveau-né mâle, Kudeyar envoyé au sultan turc, qui l'éleva, puis il retourna en Russie pour réclamer une place de rang royal, mais il devint voleur. Il organise avec ses complices des incursions sur des navires marchands et des caravanes se déplaçant le long des rivières navigables, dans la région de Tula. Plusieurs endroits sont reliés aux butins engrangés par Kudeyar. Dans une grotte sur la rive de la rivière Oka, l'ataman et sa bande se cachaient entre les raids, enterraient dans des tonneaux et coffres des richesses incalculables. La bande de pillards qu'il commandait aurait parsemé des caches des trésors non seulement dans des cavernes, des lacs et des rivières, mais dans un souterrain. Sa maison fortifiée, fut fouillée en vain, les habitants de la région cherchent depuis des siècles.

Des particuliers ayant amassé d'immenses fortunes ont fait énormément parler d'eux par leurs concitoyens, alimentant des spéculations archéologiques fort intéressantes. La célèbre Maison Rastorgueva à Ekaterinbourg (Дом Расторгуева - Екатеринбург), détient un obscur passé, elle est placée dans le centre de la ville, sur la colline de l'Ascension, aujourd'hui le Palais de la Créativité des enfants et des jeunes (детского и юношеского творчества). Dans l'antiquité, c'était le domaine du riche Lev Ivanovitch Rastorguev (Лев Иванович Расторгуев). En 1806, Lev Ivanovich achète à une certaine Natalia Tokareva, sa maison inachevée pour 2000 roubles, cette maison commencée en 1794, n'a jamais été terminée. Près de la maison se trouvait l'église de l'Ascension du Seigneur.

En 1808, Lev Ivanovich devint subitement fabuleusement riche, la maison se mue en un immense palais. Le coût total de cette bâtisse était estimé à 120 mille roubles. Rastorguev déclara sa valeur par acte notarié à hauteur de 133 300 roubles. Au milieu du XIXe siècle sous la maison furent creusées des galeries profondes. D'abord, elles auraient servi de chapelles pour les vieux croyants, ce qui est fort curieux, puis Rastorguev commence à y stocker de l'or, rapporté des mines qui lui appartenaient plus ou moins. Cent ans plus tard, dans les années 1960, des enfants sont entrés dans l'ancien hangar à bois près du palais et tiré un anneau métallique dans le sol, ouvrant alors une trappe qui les mène à un cachot. Quand ils sont descendus, ils ont été confrontés à des squelettes humains enchaînés au mur. Les autorités, obstruent l'entrée du tunnel avec des pierres, l'or de Rastorguev ne fut pas trouvé, mais on ne le chercha pas vraiment. Rastorguev avait des mines secrètes, les rumeurs, qui plus tard sont devenues des légendes de son vivant, en parlaient. Il se dit que Lev Ivanovich trouva une veine d'or sous son domaine sur la colline de l'Ascension, où alors un trésor. On sait toutefois avec certitude, que Lev Rastorguev a secrètement extrait de l'or sur la rivière de la forêt Sak-Yelga, le fait sera confirmé par les paysans qui vivaient dans les villages proches été engagés comme orpailleurs pour lui. Considéré comme l'une des personnes les plus riches dans le district d'Ekaterinbourg, construit des chapelles, des monastères, et pas seulement dans l'Oural, mais aussi dans son Volsk natal, achevant son palais à Ekaterinbourg dans l'aisance, on lui attribue 2000 livres d'or par an extraites de ses mines, ou de la rivière. Devenu propriétaire d'industrie à Ekaterinbourg, Lev Ivanovitch Rastorguev mourut d'un coup d'apoplexie, au cours d'une expédition punitive dans la cour de son usine, le 10 février 1823 pendant une révolte ouvrière. Le palais sur la colline de l'Ascension totalement achevé en 1820, est passé aux mains de sa fille Maria Lvovna Kharitonova.

En remontant le temps en arrière, nous devons, bien sûr, revenir à Napoléon quittant le Kremlin, riche à millions après le pillage de 15 000 maisons particulières, et de l'intégralité des lieux de culte de Moscou. Le convoi de l'or de l'armée napoléonienne, disparu en Novembre 1812, conservé par les français, au moins jusqu'à la rivière Berezina. On sait que les trésors de Napoléon, étaient lourds, transportés dans au moins 200 charrettes, avec en plus des armes anciennes, la croix du clocher d'Ivan le Grand en or, que Napoléon voulait installer sur le toit de la résidence des Invalides à Paris, où il comptait créer un musée dédié aux Nations conquises par son armée, de l'or fondu, icônes, métaux précieux, bronzes d'art, ustensiles de l'église, diamants, pièces précieuses, bijoux, de l'or en pièces de monnaie, lingots en or et en argent, ainsi que, chandeliers et lustres en argent. Dans le froid novembre de 1812, disparait un butin évalué uniquement pour la partie en or, à 325 tonnes de lingots, et 180 tonnes d'or fondu, certains parlent seulement de 80 tonnes d'or, mais peu importe la somme exacte. Dans ces 200 chariots figuraient aussi des objets volés aux habitants de la capitale, même les plus humbles. Selon l'historien Alexander Sereguine, les Français ont impitoyablement pillé 15 000 résidences de Moscou, les églises et les monastères : « Ils ont emporté des icônes, arraché les bijoux... Ils ont tout fondu sur place car dans chaque église il y avait un four spécialement construit à cet effet.

Les métaux précieux furent fondus en lingots et estampillés avec la lettre N. Tout cela se déroula un mois durant. Napoléon écœuré lui-même, finit par publier un décret exigeant de cesser les pillages, mais il fut sans effet. Les historiens biélorusses croient que Napoléon a traîné plus loin ce trésor colossal, mais les Russes supposent que ce butin gigantesque, fut dissimulé dans la région de Smolensk. La recherche de trésors dans le lac local, a été effectuée à plusieurs reprises. A partir du XIXe siècle, on trouve beaucoup de choses intéressantes, sauf de l'or lui-même. Les tentatives de recherches, se sont succédées plus d'une fois, à des périodes différents. Ainsi, au début des années 1960, des détachements de chercheurs Komsomols, les jeunesses communistes, sont envoyés sur place, mais aucun résultat n'a été obtenu. Aujourd'hui, l'attention des historiens est de plus en plus attirée par le lac Semlevskoe dans la région de Smolensk, car voici quelques années, les géophysiciens analysent dans ses eaux, une teneur en sels d'or et d'argent élevée. Aujourd'hui les historiens indiquent cinq endroits susceptibles de contenir ce butin Napoléonien : sous Orshej, Vilnius, la rivière Berezina, le lac Semlevskij ou approximativement à 300 kilomètres de Moscou, le long de la route de Smolensk, dans le triangle entre Yelnya, Kaluga et Smolensk.

Pour revenir au moyen âge, qui fit naître le thème de ce livre, nous terminerons par les excès d'Ivan le terrible, qui était un homme de pouvoir impitoyable, aussi cultivé que sanguinaire, n'ayant pas lésiné à exécuter ses concitoyens par tous les moyens les plus indescriptibles. Un ouvrage fort intéressant : « Ivan le Terrible, ou La Russie au XVIe siècle », roman historique écrit par le comte Alexis Tolstoy traduit du russe avec une introduction du prince Augustin Galitzin, paru en 1889, nous apprend combien il était moralement exempt de barrières empathiques. Les boyards tout comme les princes en firent les frais.

Dans les carrières de Staritskih (région de Tver), sur la rivière Starchenko se trouve fièrement implanté, un ancien monastère de la Sainte Assomption. Les spéléologues locaux disent que des carrières s'y étendent sur plus de 35 kilomètres, et qu'elles sont si larges, qu'elles laissent circuler un équipage de chevaux tractant une charrette. Peut-être qu'une partie du trésor caché dans les catacombes, fut trouvé lors du pillage du monastère après la révolution de 1917 par les bolcheviques. A en juger par des documents historiques, dans ces catacombes, vous pouvez trouver de nombreux trésors. Le fait est que durant les XV° et XVI° siècles, les princes locaux, ont caché leurs trésors là-bas. Certaines carrières, étaient reliées aux cachettes souterraines des maisons princières. Ainsi, par exemple, selon certaines informations, une cache fortifiée de 53 mètres de long, passait d'une tour nommée Taynitskaya à la Volga, glissant sous la rivière, elle ressortait sur l'autre rive, au monastère de l'Assomption. En ce saint lieu, selon les légendes urbaines, les objets de valeur du prince Andrey Ivanovich furent cachés en 1537, avant son voyage pour Moscou, d'où il n'est pas revenu. Il meurt de faim dans la prison de Moscou, enfermé par la mère d'Ivan le Terrible Elena Glinskaya. Il y a aussi le trésor du prince Vladimir, caché en 1569, lui aussi, avant son voyage à Moscou, à son tour, il ne revint pas, finissant torturé par Ivan le Terrible.

Ces princes ont-ils pu résister aux tortures et conserver leur secret sans rien dire ? Peut-être Ivan IV les a fait parler, s'emparant de leurs biens, tout est possible. L'ambiguïté de la personnalité du Tsar est à peine croyable, on lui doit en effet la réalisation d'une église exceptionnelle dans le haut lieu de pèlerinage orthodoxe, la laure de la Trinité-Saint-Serge (Троице-Сергиева Лавра). Il s'agit d'un monastère majeur, de l'orthodoxie russe, situé dans la ville de Serguiev Possad à environ 75 km au nord-est de Moscou. Il est l'un des monastères les plus anciens de la foi orthodoxe en Russie, fondé par Serge de Radonège, saint patron de la Russie, au milieu du XIV°e siècle. Les monuments de la Trinité-Saint-Serge, sont constitués d'un ensemble d'une vingtaine d'édifices remarquables, dont une dizaine d'églises, construits au fil des siècles, derrière leurs remparts de Serguiev Possad, et formant une laure. Le très Saint Serge Radonège, y repose dans l'église de la Sainte Trinité (Troïtski Sobor). La cathédrale de l'Assomption (Ouspenski Sobor), principale église du monastère, avec ses cinq dômes, un doré et les quatre autres d'un bleu intense parsemé d'étoiles dorées fut construite par ce fameux Ivan le Terrible en 1559. Depuis 1993, l'architecture de la laure de la Trinité Saint-Serge est au patrimoine mondial de l'UNESCO. Ivan le terrible, en tyran abusif et sanguinaire, poursuivit des relations tourmentées avec l'Église orthodoxe. Sa garde rapprochée était habillée de noir, comme les moines, après une tournée de tortures, viols, décapitations, supplices en tout genre dans les cachots du kremlin, le tyran s'entourait de ses gardes du corps pour assister de minuit à 5 heures du matin, à une messe où il était l'officiant, se déroulant dans une étrange chapelle improvisée sous son palais. En 1565, Ivan IV fit sortir son ami d'enfance du monastère de Solovki, pour le placer à la tête de l'Église orthodoxe dès 1566, le désignant métropolite de Moscou. Le nouveau métropolite Saint Phillipe de Moscou (1507-1569), s'opposa à lui au péril de sa vie. La première année s'écoula dans le calme, mais le 22 mars 1568 dans la cathédrale de la Dormition du Kremlin le métropolite s'opposa publiquement au Tsar. Ivan et à ses soldats venus assister au service liturgique revêtus de chasubles noirs et de toques de moines.

Le métropolite leurs refusa à tous sa bénédiction. Le 8 novembre 1568, pendant la messe en la cathédrale de la Dormition, le favori du Tsar, Fédor Basmanov annonça au métropolite qu'il était déchu de sa dignité. Par ordre du Tsar, suite à un procès truqué ignoble, le métropolite fut enchaîné et mis aux fers, puis exilé dans le monastère d'Otrotch près de Tver, c'est là, qu'un assassin mandaté par le Tsar, Maljuta Skuratov, vint l'étrangler le 23 décembre 1569. A l'initiative du patriarche Nikon métropolite de Novgorod, en 1652, les reliques de Philippe furent transportées de Solovki à Moscou en 1652, dans les mains du saint se trouvait une étrange lettre de repentance, du Tsar Aleksei Mikhailovich, dans laquelle il demandait pardon pour les péchés de son arrière-grand-père, Ivan le Terrible. Les saintes reliques furent placées dans la cathédrale de la Dormition, à la porte sud de l'autel. Saint Philippe de Moscou fut canonisé postérieurement.

Disposant d'une armée personnelle de 6 000 Oprichniki, Ivan IV va piller son propre pays, et s'accaparer une immense fortune, dont une partie ne fut jamais retrouvée. En décembre 1547, Ivan le terrible parcourt les murs de la Cathédrale Sainte Sophie dans la forteresse de Novgorod, c'est l'une des premières constructions en pierre dans la Russie du Nord, érigée en 1045-1050. Ivan sonde les murs, cherche des pièces cachées, exaspéré, il fait détenir et torturer les religieux, personne ne sait rien, mais il finit tout de même par trouver ce qu'il est venu chercher, des lingots cachés à l'époque de Vladimir le Grand. Un an plus tard presque jour pour jour, il revient à Novgorod pour s'emparer de la totalité des biens de la cité, le livre Obolenskij, relatant la première Chronique de Pskov, comprend un récit circonstancié intitulé Le Sac de Novgorod et de Pskov par le Tsar Ivan : « à Novgorod, il s'empare des trésors de la Cathédrale, et noie 60 000 personnes dans le fleuve Volxov (Волхов), il fait pendre et noyer des milliers d'hommes, femmes avec leurs enfants dans les bras, d'innombrables pauvres sans raison, parfois jusqu'à 1 500 personnes en un seul jour ». L'histoire se déroule à partir de fin décembre 1568, sous un faux prétexte, le Tsar extermine jour après jour, la quasi-totalité de la population entre décembre 1569 et janvier 1570.

La Troisième Chronique de Pskov raconte comment Ivan IV pille les biens des grands boyards, torture et vole les membres du clergé à coups de bastonnades. Ivan va faire subir un sort identique aux villes de Pskov et de Tver, mais avec moins de personnes tuées. Il avait déjà aussi conquis les villes de Kazan et d'Astrakhan (1552-1556). Ses desseins ne sont pas politiques, tout n'est que prétexte des atrocités indescriptibles, suivies de vols massifs, la nation entière est ruinée pendant qu'il amasse une fortune personnelle colossale. Sujet à des troubles psychotiques accompagnés d'une schizophrénie aigue, il voit des complots partout autour de lui. Il soupçonne sa garde personnelle, les Opritchniki, d'avoir empoisonné sa troisième épouse, Marfa Sobakina seulement quinze jours après ses noces. En juillet 1571, les tatars de Crimée parviennent à Moscou, la pillent et l'incendient. Trahi par sa garde, envahi par les Tatars, haï par son peuple, il cache une très grande partie des objets de valeur accumulés par sept années de terreur, dissimulant son or, ses bijoux, dans les dédales souterrains du Kremlin. Sans doute se souvient-il quand il sondait lui-même en personne les caves et les murs de Novgorod, faisait percer les cloisons sonnant le creux. Il ne commettra pas l'erreur de sous-estimer les éventuels brigands. Les tunnels creusés se superposent les uns par-dessus les autres sur plusieurs niveaux, des trappes de sol existent encore au XX° siècle et facilitent la circulation entre les tunnels de l'époque médiévale. Le tsar avait un second palais sous terre, plus sombre, plus obscur, fait de caves en pierre, et de prisons glauques, son goût pour ce type de lieu, est sans doute né de son expédition à Pskov, bien connue pour ses grottes notamment au Monastère de la Dormition Sainte Pskovo Pechersky (Псково-Печерский Успенский монастырь). La dégénérescence de la pathologie psychiatrique d'Ivan Grozny le redoutable, c'est ainsi que ses concitoyens le baptisèrent, ne doit pas faire oublier qu'il fut un homme très instruit, avec des dons artistiques et de la créativité imaginative. Il ordonne d'édifier la cathédrale de Basile le Bienheureux qui est aujourd'hui sur la Place Rouge, puis crever les yeux de l'architecte une fois sa tâche achevée.

Les caches secrètes qu'il a pensées furent habilement pensées, on se souvient de puits avec des escaliers en colimaçon, débouchant sur des tunnels inondables au besoin. Rongé par une rancune permanente contre tout être humain, mu par une cruauté démentielle, on ne peut concevoir qu'il ait réellement souhaité léguer d'héritage, sur son immense trésor à qui que ce soit. En 1572 Ivan IV abolit l'Oritchnina et la fusionne avec la Zemchtchina, les anciens boyards (Бояре), qui furent expropriés, sont invités à reprendre leurs terres. Le 15 novembre 1581, il s'en prend à sa belle-fille, dont il juge la tenue indécente. Son fils, Ivan, s'interpose pour protéger son épouse et en vient aux mains avec son père, le Tsar Ivan IV frappe son fils avec le sceptre royal, ce dernier décède le 19 novembre 1581 des suites de sa blessure, Ivan le Terrible ne montrera jamais le moindre regret pour ce geste, et décèdera à son tour, au cours d'une partie d'échecs le 18 mars 1584. Il emporte dans sa tombe l'emplacement des cachettes, que sa démence et son avarice ont mis au monde. Et si la conclusion fait référence à Ivan tout comme à Napoléon, c'est qu'ils ont tous deux en commun, le fait d'avoir ravi des richesses inimaginables en Russie à la fois culturelles, matérielles, spirituelles, religieuses, et de les avoir fait disparaitre à jamais en refusant de les restituer à leurs propriétaires.

Il existe une hypothèse non prise en compte au sujet du « Libéria », selon laquelle la bibliothèque mythique du tsar maudit, aurait déjà été découverte. Du moins en partie, pas dans sa totalité, évidemment. Selon les employés de la Bibliothèque nationale d'Etat de Moscou, les réserves renferment actuellement un fond d'environ 600 000 ouvrages anciens dont 60 000 manuscrits inestimables très vieux. Il se peut que des livres d'Ivan le Terrible en fassent déjà partie. Peut-être que les recherches au trésor doivent se poursuivre méticuleusement en consultant livre après livre, et en les comparant à la fameuse liste Dabelov des 140 précieux inestimables. Bien sur l'orientation sur ce travail de consultant dans le fonds de la Bibliothèque Nationale, est moins romanesque que le rôle d'explorateur archéologue. Quoi qu'il en soit, elle fera sans doute longtemps parler d'elle.

Москва. Moscou. 17. Никольская улица. Rue Nicole.

TABLE DES MATIERES
СОДЕРЖАНИЕ

INTRODUCTION	p 9
PRESENTATION	p 13
LA BIBLIOTHEQUE D'IVAN LE TERRIBLE	p 19
LACOLLINE ENTOUREE D'EAU	p 21
LA CONSTRUCTION DU KREMLIN	p 25
L'EXISTENCE DES TUNNELS	p 29
LA LEGENDE DU LIBERIA	p 31
DISPARITION DE LA BIBLIOTHEQUE DU LIBERIA	p 33
LA RECHERCHE DU TRESOR	p 39
LES TRESORS DU KREMLIN AU DIXHUITIEME SIECLE	p 45
LE TRESOR DE NAPOLEON ISSU DU PILLAGE DE LA RUSSIE AU FOND DU LAC DE SMOLENSK	p 47
APRES LA BEREZINA	p 49
LE TRESOR DE POLOSK	p 50
LE CONVOI DE L'OR EN LITHUANIE	p 51
LA PISTE DU LIBERIA RESSURGIT DE L'OUBLI	p 53
DECOUVERTES ARCHEOLOGIQUES LES TRÉSORS DU KREMLIN XIX° SIÈCLE	p 69
LES RECHERCHES AU XX° SIECLE L'ARSENAL ET SA TOUR	p 73
LA PLACE ROUGE	p 77
LA GRANDE QUETE	p 85
REBONDISSEMENTS IMPREVUS	p 93
TOUR SPASSKAYA	p 119
LA CATHEDRALE DU CHRIST SAUVEUR	p 129
LES SARCOPHAGES DES TZARS VIDES	p 135
LE RETOUR DES EPOUSES ROYALES	p 137
DES GALERIES A PERTE DE VUE	p 139
LA LIGNE SECRETE DU METRO NUMERO DEUX	p 145
CONCLUSIONS	p 149
TABLE DES MATIERES – СОДЕРЖАНИЕ	p 157

979-10-97252-01-4